金海民 主编

人脉的诡计

Interpersonal skills

九州出版社
JIUZHOUPRESS

图书在版编目(CIP)数据

人脉的诡计/金海民主编.—北京:九州出版社,2010.5

ISBN 978-7-5108-0013-9

Ⅰ.①人… Ⅱ.①金… Ⅲ.人际关系学-通俗读物 Ⅳ.①C912.1-49

中国版本图书馆 CIP 数据核字(2010)072077 号

人脉的诡计

作　　者	金海民　主编
出版发行	九州出版社
出 版 人	徐尚定
地　　址	北京市西城区阜外大街甲 35 号(100037)
发行电话	(010)68992190/2/3/5/6
网　　址	www.jiuzhoupress.com
电子信箱	jiuzhou@jiuzhoupress.com
印　　刷	北京嘉业印刷厂
开　　本	710 毫米×1000 毫米　16 开
印　　张	16
字　　数	240 千字
版　　次	2010 年 10 月第 1 版
印　　次	2010 年 10 月第 1 次印刷
书　　号	ISBN 978-7-5108-0013-9
定　　价	29.80 元

前言

RENMAIDE GUI JI

01

诡计，在现代社会的意义上，不是一个贬义词，而是有计谋有策略的代名词。

在中国，人际关系是一项十分重要的资源，所谓人脉就是人际关系及其脉络。人脉不仅是日常生活的润滑剂，也是事业成功的催化酶。独木难成林，没有朋友，没有好人脉的人注定很难成功。

条条大路通罗马，好的人脉是走向成功的一条捷径，更需要诡计。

人脉是一种资源，并且是一种作用巨大的资源。对任何一个人来说，一旦掌握人脉资源，那必定能事半功倍。一个拥有高层次、广范围、深基础的人脉网络的人，足以在竞争中脱颖而出、超越他人。

现代社会，一个人的品味和价值往往表现在与他人的交往和相处过程中。而你是如何与人相处的，你的人缘如何，你是否深得他人认同，你是否具有强有力的人脉关系，决定了你的职场前景甚至社会地位。

这些都需要人脉的诡计。

我们通过你结交的人来观察你、判断你，这是非常有道理的。因为我们观察你、评判你要看你跟什么人打交道，这些人对你的影响有多大，所以，判断一个人的身价和身份一定要看他经常与什么人交往。

下面是一则非常有趣的故事：

《心灵鸡汤》的作者马克·汉森是一位畅销书作家，他的书在全世界已经售出5000多万册。有一次，他在与安东尼·罗宾斯同台讲演结束之后，私下请教罗宾斯，于是有了如下一段对话：

汉森问：我们都在教别人成功，为什么年收入才100万美元，而你一年却能赚进1000万美元呢？

罗宾斯没有直接回答汉森的问题，却反过来问汉森：你每天跟谁混在一起？

汉森说：每天都跟百万富翁在一起。

罗宾斯听了一笑说：我每天都跟千万富翁在一起。

FOREWORD

02

人脉的诡计

试想，一个整天教人成功的大牌作者和讲师，要增强自己的经济实力，最终还是要回到“人脉”这两个字上来，更何况我们普通人？

这就是获得人脉的诡计之一。

在我国最近某次媒体和调查机构的一项调查中，数千个受访者不约而同地表示了同一个观点：朋友是资源，是财富，是个人成功的重要助力。

随着社会的发展与科技的进步，“人”也成了一种资源。不仅仅是人才、知识、经验，人脉、人际关系也早已作为一种资源深入我们的生活，受到我们的广泛关注。

人际关系是无处不在，无时不在的，当一个人与他人有所接触时，就会产生人际关系。

营造和维系好人脉，是一门学问，也是一种艺术。本书的编写正是建立在这样的诡计之上：

营造好人脉，需要具有无私的心地、真情的投入与付出；

营造好人脉，需要主动地去关心别人、容纳别人、宽恕别人；

营造好人脉，需要宽广的胸襟、达观的态度，以及拥抱敌人的气魄；

营造好人脉，需要注意个人的服饰、容貌、仪表，更要关注自己在公共场合中言行方面的每一个细节；

营造好人脉，需要善于与良师诤友、上司、同事、下属、乡邻、同学等不同的人交往，并且与之保持密切的关系；

营造好人脉，需要学习和掌握一些社交技巧和方法。

人脉就是你一生最宝贵的资源，为你走向事业的顶峰，提供源源不断的动力。可以说“获得人脉需要用诡计，人脉决定命脉。”

目录

第一章　人脉——用诡计打通成功血脉

有人讲30岁以前靠专业赚钱，30岁以后靠人脉赚钱，可见人脉的重要。而在关于哪类因素对职业生涯影响最大的调查问题中，“个人人际网”被公认为第一要素；它是打开成功的“血脉”。

第二章　人脉——用诡计营造环绕身边的财富

如果说血脉是人的生理生命保障系统的话，那么人脉则是人的社会生命的支持系统。在好莱坞流行一句话：一个人能否成功，不在于你知道什么，而是在于你认识谁，用人脉营造财富。

目录 Contents

第三章　分享——用诡计经营人脉的法宝

以诚交友，彼此要坦诚，学会分享，才能肝胆相照。双方以真挚的言语、真挚的感情交往，摒除利害关系，能相知相惜，相互关爱，彼此扶助，就是真正的情谊了。

第四章　角色——用诡计获取通往成功的门票

斯坦福研究中心曾经发表一份调查报告指出，一个人赚的钱，12.5%来自知识，87.5%来自关系；有人总结说：对于个人，20岁到30岁时，一个人靠专业、体力赚钱；30岁到40岁时，则靠朋友、关系赚钱；40岁到50岁时，靠钱赚钱。由此可知人脉竞争力是如何在一个人的成就里扮演着重要的角色。那么，在现实的生活中究竟哪里有人脉资源呢？

第五章　职场——用诡计织就资源网络

让人脉资源为跳槽做足铺垫。要和那些在业内从事某类职位时间较长的，有一定影响力的职场人士多接触，保持联系，善于对人脉资源进行有效的整合。

第六章　商场——用诡计搭造诚信平台

纵览古今，凡在事业上有所建树的人，无不襟怀坦荡、气度恢弘，抱着“以和为贵”“诚信为本”的处事态度。“和为贵”，这是令中外成功者最为推崇的处世哲学。拥有好人脉就不要斤斤计较个人得失，襟怀坦荡会有更多的人成为你的朋友，人脉网就会宽广。

第七章　魅力——用诡计沟通心灵的渠道

在人的一生中，魅力是成功的理由。当你在一个有魅力人的面前，他的一颦一笑，一举一动，都深深地吸引着你。你几乎无法拒绝他的任何要求，不管这些要求是否合理，也许事后你会为此而后悔沮丧，但你心里明白，哪怕是事情重来一次，你的选择还是一样。对于有魅力的人来说，不必再花费心思去找什么理由了，魅力本身就是理由，魅力就如魔力。

第八章　贵人——用诡计开创财富源泉

要善于从别人的需要看出自己肩负的责任。他人的需要就是你的机会，先不要谈做生意，首先必须建立信用，让他人信任你，相信你，你就有做不完的生意，所以，信用就等于生意，信用就是源源不断的现金流。

第九章 赞美——用诡计提升感情的基础

朋友之间或许有职务高低、身份高低、财富多少的差别，怎样相处才能恰到好处呢？相互尊重，而不能有主次之分，否则就失去了感情的基础，关系不易维持。

第十章 距离——用诡计润滑浓淡的情谊

“君子之交淡如水”，这句话经常有人说，但总是淡也不好，朋友在一起冷冰冰的，没有什么意思，所以这句话得与另一句话联系起来理解——“水至清则无鱼，人至清则无友”，朋友之间还是该淡时淡、该浓时浓最好。

处理好人与人的距离，莫不是处世的学问，而距离就在淡与浓之间，就看你如何去把握了。

第十一章　合作——用诡计分享彼此的真诚

当人们看到自己取得成功的时候总是兴奋不已，希望有人为自己鼓掌。这时候，你为他鼓掌，会化解对方对你的不满和成见，改变对你的态度，他会觉得你慷慨地付出自己的真诚，从此，他也会给予你支持。给他人多鼓掌，这种付出是不需要花你多少钱的，但它给你带来的利益却很大。

第十二章　微笑——用诡计缩短心灵的距离

微笑是令人愉悦的表情，是一种含义深远的体态语，在公关活动中有很重要的作用。微笑可以大大地缩短人与人之间的心灵距离，迅速增进亲近感。一个热情的微笑，会像一缕霞光，给人以温暖，使人感到轻松愉快。

第十三章　用人——用诡计攀登成功的桥梁

无论在商场、职场、官场，都要与人打交道，怎样借助他人的力量，把生意做大、做强，处理为同事和“亲信”的关系，以及怎样和职场新人相处，都需要用恰当的方式方法。

[第一章]

RENMAIDEGUIJI

人脉——用诡计打通成功血脉

有人讲30岁以前靠专业赚钱，30岁以后靠人脉赚钱，可见人脉的重要。而在关于哪类因素对职业生涯影响最大的调查问题中，“个人人际网”被公认为第一要素；它是打开成功的“血脉”。

1. 人际网好比一只八脚章鱼

我们都是凡人。

我们的生活有时候就是一潭死水。

生活不曾改变。

不是我们不想改变。

谁不盼望一朝得到贵人提携，从此飞黄腾达?

其实，只要你留意建立好人脉关系，你会发现，生活中其实从来不缺贵人，他们可能就是你的朋友、同事，甚至是萍水相逢的人。

新浪网2009年的一次“职场处处皆贵人”的调查中显示，良好的人脉关系对职业生涯发展影响甚深。

有人讲30岁以前靠专业赚钱，30岁以后靠人脉赚钱，可见人脉的重要。在关于哪类因素对职业生涯影响最大的调查问题中，“个人能力”被公认为第一要素；其次是“机遇”，有30.77%的受访者认为“机遇”起决定性作用；“人脉关系”被排在第三位，有17.35%的受访者感受到人脉的重要性。

调查发现，男性比女性更关注人脉关系对职场生涯的影响，同时随着工作时间的增加，我们对于人脉在职场中的作用也愈加看重，国企职员对人脉的关注度高于其他企业。

另外，不同学历的人对于“机遇”、“人脉关系”、“个人能力”的重视程度大相径庭：

本科学历者对于三要素的关注度为：28.92%、17.46%、36.89%

博士学历者对于三要素的关注度为：18.42%、13.16%、63.16%

显然，“个人能力”在博士人群中受到绝对优势的肯定，相对而言，

“机遇”和“人脉关系”的作用被弱化了。

调查显示，只有48.36%的人是主动出击建立自己的人脉关系，有34.22%的人是通过朋友介绍增长人脉，只有一小部分人（9.82%）是被动等待别人找上门。外企工作的人主动结识朋友的意识比较强烈，占了50.8%；国企工作者通过朋友介绍与主动拓展人脉的得票率非常接近，分别为40.49%和43.67%。

尽管大多数人认同“人脉关系”的重要性，但仍有45.56%的人仅仅局限于职场中，认为除了8小时工作以外就不必太在意了。另外54.44%人群则表示，寻找贵人与人交往并不能清楚地把界线划分在职场内，只有做个有心人，寻找更多机会展示自己的优势，才更有可能得到贵人的赏识与帮助。

调查发现，男性比女性更注重在职场之外的人缘修行，有61.70%的男性受访者认为职场之外仍是结识贵人的好时机，而持相同观点的女性朋友仅占49.39%。同时受访者中随着工作经验的增长，对职场之外的人际交往也越来越重视。

人脉的积累是长年累月的，是一种在工作和生活中养成的习惯，并不是一件要刻意定时完成的项目。

不管是一条人脉，或是由人脉伸展出去的人脉，都需要长期的付出与关怀，这样才能在看似不经意间逐步建立起自己的人脉网。

调查发现，65.62%的受访者认为，与人交往应保持“君子之交淡如水”的心态，保持朋友间的距离同时尊重个人相对独立的空间；有14.08%的人是“无事不登三宝殿型”；有11.16%的人选择了“亲密无间型”；9.13%的人是“心血来潮型”，完全依性格行事。

朋友之间的关系同样需要维护和经营，平时要多与朋友联系，同时适当拜访，这样可以培养感情。交朋友有功利目的，但并不是朋友间的每一次来往都以利益来估价。

友谊的培养需要累积，这样的人脉关系才能持久稳固。

良好的人脉究竟会给个人会带来怎样的帮助？本次调查发现，34.57%的人认为人脉能给自己增加职业机会，名列第一。根据人力资源管理协会与《华尔街日报》共同针对人力资源主管与求职者所进行的一项调查显示：95%的人力资源主管或求职者透过人脉关系找到适合的人才或工作，而且61%的人力资源主管及78%的求职者认为，这是最有效的方式。曾作过的"最有效的求职途径"调查，其中"熟人介绍"被列为第二大有效方法。

此外，对于人脉关系的作用，27.8%的人认为有助于业务发展；15.89%的人认为对个人职业指导起重大作用；6.94%的人认为有助于专业技术上的交流与沟通。

在职场的不同阶段，人脉关系的作用也不一样———毕业生更倾向于人脉对个人职业指导的作用，而随着工作经验的丰富，我们也看到了人脉关系对于工作业务发展以及跳槽晋升等机会的影响：

刚毕业的学生在"个人职业导师"这个选项的得票率有21.35%；

对于已工作3年的受访者来讲，此选项的得票率下降为16.99%；

工作8年的受访者在此选项的认同率只有9.17%。

与此相反，人脉关系对于个人的"职业机会"作用却是随着年龄的增长而变大。有42.08%的8年工作经验者认为人脉关系对"职业机会（跳槽、晋升）"作用最大，3年工作经验者选择此项的为38.58%，毕业生在此选项的得票率为29.72%。

2. 谁是职场上的贵人？

师长？上司？还是擦肩而过的陌生人？调查结果显示，33.61%的人认为，周围处处皆贵人。另外，19.13%的人认为是朋友、17.63%的人认为是上司、11.95%的人认为是工作上的合作伙伴。

虽然大部分人认同职场处处皆贵人的理念，但大多数男性认为朋友中存在贵人的可能性比较大，而更多的女性朋友则把上司作为潜在的贵人人选。

从地域看，北京人似乎更倾向于在朋友中得到贵人缘，而上海人认为贵人缘的机遇在上司老板中更容易找到，南方的深圳、广州一带更把上司、朋友一网打尽，两者的得票率非常接近。

从学历上看，大专本科的受访者认为朋友与上司中的贵人缘几率均等，但硕士和博士学历者却更看重自己与老板的关系，认为老板更有可能在未来对自己的职业发展产生重大影响。

有研究表明：你和世界上的任何一个人之间只隔着四个人，不管你和对方身处何处，哪个国家，哪类人种，何种肤色。不用惊奇，你和奥巴马之间也只有四个人，而且构成这个奇妙六人链中的第二个人，竟是你认识的人，也许是你的父母，也许是你大学同学，更可能是办公室里每天帮你抹桌子做清洁的阿姨……仔细想想，通过做清洁的阿姨的人际网竟可以让你联系到美国总统，这是不是很奇妙？

机遇和贵人是在适当时候出现的适当的人、事、物的组合体。我们无法控制这种完美的巧合何时出现，唯一能做的就是通过控制自己的人脉来给自己创造更多的可能。

人际网好比一只八脚章鱼，每一只八脚章鱼在每一天每一分每一秒里都在不停地集合、交错着，只是我们自己常常不自知、不在意，常常和贵人擦肩而过！不要只看着人脉中的显贵，而忽视其他更多的普通人。在适当的时机，任何一个普通人都可以扭转乾坤，成为你的大贵人！但也要注意，毫无诚意的点头之交等于零，人脉需长时间的积累和沉淀。

3. 赢得他人信任的哲学

你认识的人有多少？

他在你的生活中有什么作用？

他对我的生活有什么帮助呢？

他是否是我们的人脉资源呢？

人脉，很多人都认为这是“讲人情、走后门”的同义词。

但实际上，这种看法是非常片面的。我们在追求事业成功和幸福生活的过程中，人脉起着非常重要的作用。

美国老牌影星柯克·道格拉斯年轻时十分落魄潦倒，有一次，他搭火车时，与旁边的一位女士攀谈起来，没想到这一聊，却聊出了他人生的转折点。没过几天，他就被邀请到制片厂报到，因为，这位女士是一位知名制片人。美国斯坦福研究中心曾经发表一份调查报告，结论表明，一个人赚的钱，12.5%来自知识、87.5%来自关系。关系即人脉竞争力，是指一个人在人际关系、人脉网络上的优势，它在一个人的成就里扮演着极其重要的角色。如果光有事业，没有人脉，个人竞争力就是一分耕耘，一分收获。但若加上人脉，个人竞争力将是“一分耕耘，数倍收获”。

因此，要想成功，就一定要营造一个成功的人际关系，包括家庭关系和工作关系。只有在良好的人际氛围中，才能精力充沛、心情愉快地投入到工作中。积极的人际关系，有益于人的心理健康。现代社会是人际交往频繁的社会，处处需要与他人建立关系。人际关系的冲突，是现代人心理适应中最常见的问题。和谐的人际关系有心理保健的功能，给人以支持的力量，同时满足人的归属感、安全感、自尊、自信等多种心理需要。学习人际交往的技能，以诚待人，乐于助人，有助于形成强大的社会支持系统。

既然人脉如此重要，那么，如何经营好自己的人脉系统呢?

培养自信，增强沟通能力。自信是拓展人脉的前提，只有具备自信，才能主动去与人交往，并且显得自然而不为难自己。而所谓的沟通能力，其实就是了解别人的能力。包括了解别人的需要、渴望、能力与动机，并给予适当的反应，而倾听是了解别人最妙的法宝。除了倾听，适时赞美别人，也是沟通的妙法。

信守承诺，说到做到。如何建立一个让人信任的形象，是让人脉竞争力产生良性循环的关键。如果一个人说的话，每次都要打七八折，那么，更多的人脉，只是带来更多的负面效应。

增加自己帮助别人的价值。人脉的最高境界就是互利，而非单方面的索取。要多想想你为别人可以做些什么?有什么不同的观点?能引起别人心中的渴望，就可以为自己建立一个人脉大磁场。你对人一分好，对方自然会涌泉相报，就是所谓的“得道多助”。

4. 好东西，大家一起分享

不管是信息、金钱、利益或工作机会，懂得分享的人，最终往往可以获得更多的人脉。

能够让你拥有对别人产生有效影响的力量的最有把握的一个方法，就是设法让别人明白，你从心底里敬重他们。

因央视《小崔说事》栏目报道而爆热的“江南神偷”王同山在北京电视三台《非常接触》栏目中就感叹道：“别人给尊重，比给金钱还重要。”“神偷”尚且如此，我们又何必只重金钱呢。

把握住人人都有的那份尊重需求，敬重他人，他人同样会敬重你。正如孟子所说："爱人者，人恒爱之；敬人者，人恒敬之。"

伤害别人的自尊，无疑是很多纠纷和矛盾产生的最主要原因。人际关系专家研究发现，威尔逊总统最后之所以在事业上遭到惨重的失败，是因为他犯下了两个不可饶恕的错误，以至于无可挽回地挫伤了支持者的自尊心，使我们倒向了自己的对立面。

1918 年 11 月，威尔逊总统主持签署了第一次世界大战的休战条约，他也因此成为世界瞩目的伟大领袖。国内的共和党和民主党一致支持和拥护他。

然而，威尔逊就在签署休战条约前几日，由于不敬重支持自己的民众，特别是那些支持自己的共和党人，而犯下了第一个大错：个人声望的急剧膨胀使他变得头脑发热，准备滥用民众的信任。他签发了一封在旁人看来十分愚蠢的信，要求在议会席位的选举中，选民只能投民主党议员的票。他的这一举动极大地打击了那些忠诚地拥护他的共和党人，也给了那些想要攻击他的人以口实。结果，威尔逊的这道命令反而使共和党在上议院中获得了多数席位。这正应了《旧唐书》中的一句话："不敬他人，是自不敬也。"

紧接着，威尔逊由于盲目相信个人领袖影响力，不敬重上议院的议员，又犯下了第二个致命的错误：固执己见，不听从朋友的劝告。在战后和平委员会里既没有安排上议院的议员，也没有安排共和党人。

威尔逊的做法，不仅激怒了统治上议院的共和党，甚至连上议院的民主党议员都开始反对他了。在美国，上议院的权限很大，威尔逊签署的条约必须经过上议院的批准才能生效。威尔逊亲自点燃了一把使自己崩溃的烈火。当威尔逊得意洋洋地从巴黎和会回来的时候，暴怒的反动者们早已在那里恭候他了。他关于组织国际联盟的提案被否决，美国只得宣布退出国联；他主持签署的《凡尔赛和约》同样惨遭否决。

转瞬之间，威尔逊苦心经营的事业毁于一旦，而他的确是完全毁在自己的手中，成为埋葬自己事业的敌人。威尔逊犯下了任何一个领袖人物都应当避免的致命错误：伤害别人的自尊心，尤其是那些本来支持自己的热心民众的自尊心。

任何时候都不要去伤害朋友们的“自尊心”，因为那样足以使朋友反目成仇。那么，如果满足了仇敌的“自尊心”，又会怎么样呢？

美国新闻发言人布吉斯向我们介绍过这样一件关于美国总统麦金利的趣事。在美国与西班牙的战争爆发之前，布吉斯碰到了一位著名的国会议员。那位议员刚从白宫出来，迈着大步，帽子稍微向左边斜了一点。议员冲着布吉斯很欢快地挥着手杖，脸上带着温和的微笑。

布吉斯对议员说：“今天你似乎很高兴。”

议员神采飞扬地说：“不错，朋友，确实如此。刚才，总统用手臂勾着的肩膀对说，‘老兄，这次要打胜仗，全得靠你的帮忙了。’你看，总统还要仰仗呢！虽然，从前曾经在许多事情上反对过他，但是现在，他那么宽宏大度，依然器重，准备拥护他了。”

布吉斯说：“和他聊了几句后我们就分手了。心里对麦金利总统结交朋友的本领真是无比佩服。知道总统同样还‘仰仗’着别人，也取得了同样的效果，这使得大家一起帮助他获得了很多的胜利。”

确实，如果人们都能像麦金利总统一样懂得如何去尊重别人，哪怕是一直反对自己的对手，就可以把对手变为朋友，就可以获得更多的友谊与合作，就可以拥有更多更丰富的人脉资源。

5. 发掘人脉、经营交情、出现贵人

没有钱怎样赚到钱？

这个世界上有谁愿意帮助我们？

生活中，我们经常听到这样的声音：现在的社会都是有钱人才能赚到钱，对于我们这些没有钱的人，总是过得那么痛苦和无奈！想做一番自己的事业，却总也找不到合适的方向，缺乏最基本的资金，也没有人愿意帮

助我们……

事实上，这些人忽略了一个最重要的力量，那就是人脉！人脉对于我们每个人来讲，都是非常庞大的资源，这种资源就在我们的身边，只要自己懂得把握和打理，懂得培植自己的人脉，就能聚积庞大的人气，进而铸造人望。有了这样的臂助，资金、技术、渠道还不是唾手可得？

许飞，普尼科投资顾问有限公司总经理，目前其个人财富大约有500万元。而其财富的积累就是靠广大的人脉网络，比如他有众多的媒体朋友，有世界500强的公司如联合利华、三菱电机、通用等客户。

从许飞的个人发展来看，他的每一步都是靠人脉发展起来的！

这是一个很有故事的人，早年的他怀揣着梦想来到北京，从一家公司的小职员做起，到后来成为《经济观察报》培训部门的负责人，再到后来自己创业开设金融传媒教育公司，几乎每一次成功的飞跃都让人不可置信却又真实地存在。

板刷头，黝黑的皮肤，以前认识许飞的时候以为他还是个学生。你也许很难想象，这样一个大男生已经能自如地穿梭于银行家、企业家之间，游走于经济体系的顶端，同时又掌控着高端金融和管理培训项目。许飞说，他一路走来必须感谢几位给予他巨大帮助的人，没有他们的带领和提携，他的人生也许不会如此多姿多彩。

花旗集团投资银行的中国区副总裁董功文也许是给他帮助最直接的人，在他打算创业的时候，正是董功文为许飞筹集了创业的大笔资金，这一点决定了许飞的金融传媒教育公司从一开始就拥有很高的起点。也同样是董功文为他提供了大量有价值的建议，令许飞受益无穷。而许飞和董功文的认识，仅仅是因为许飞在北京租的房子恰巧是董功文的，而董功文的太太又正好是许飞的老乡。

一来二往，他们也就熟识了。两个人都很健谈，话题从人生到事业，常常一聊就是几个小时。

许飞偶尔也会诉说自己对于未来事业的期许和打算，而许飞的这些想法使董功文认定这是一个很有想法的年轻人，这也是后来董功文愿意帮助他的原因之一。

而当许飞一旦入行后，随之而来的人脉就越发深远了。

或许你会觉得许飞的经历过于幸运，事实上，即使你没有如此幸运的经历，只要懂得盘活自己的人际关系，那也是非常了不得的事情。这些人脉总有一天将盘活你的财富。

那么，我们该如何进行日常的人脉积累呢？

美国大亨洛克菲勒在其全盛时期曾感慨地说：“与人相处的能力，如果能像糖和咖啡一样可以买得到的话，会为这种能力多付一些钱。”

这句话实际上在告诉我们：朋友多则赚钱的机会就多。

对此，卡耐基训练大中华区负责人黑幼龙认为：“完整的人际关系包括三个阶段，发掘人脉、经营交情、出现贵人。”

事实上，在人脉的建立上，如果你只是倾向于等待人脉而不主动寻找人脉信息的话，那么你将是被动的，而且机会很少。因此，你需要不断地寻找信息，从而找到自己需要的人脉关系。

比如，你可以通过朋友介绍，可以通过交换名片，也可以通过网络寻找等方式。这些人脉对于你来讲，都是非常有益的。或许他们不能直接地帮助你去做什么，但是至少他们可以给你介绍更多的客户，帮你出出主意，甚至他们的一两句话，就有可能改变你的窘状，能使你找到新生。

掌握人脉信息固然重要，关键还在于如何和他们相处。很多时候，人际关系都是在不断的交往中得到提升的。

《孟子·齐桓晋文之事》里有一句话：“他人有心，予忖度之。”这句话道破了让朋友欣赏你的不二法门，那就是学会肯定对方。关于这一点，美国哈佛大学人际学教授约翰·杜威曾说：“人类本质中最殷切的需求是渴望被肯定。”

当然，肯定对方，并不是随便地敷衍对方，而是要学会“放低姿态放软身段”，学会仔细倾听别人的话，要学习“忖度他人之心”，理解朋友这样说的原因和立场，尽量体谅他们，这样，既能学习他们的优点，也能让朋友感到自己被尊重和理解。

肯定对方是一种精神上的社交方式，在肯定对方的时候需要真诚和勇敢，同时也有一定的原则，使对方感到你并不是为了讨好他才这么说的。

其实，我们这里所讲的人脉及增长人脉的方式，并不是告诉你要学着势利。势利的人往往看到对自己有用的人喜形于色，一副小人嘴脸伺候着，看到感觉自己用不着的人则忽视、轻视、鄙视之。这样的人是不受人欢迎的，也不会有好的人脉关系。

6. 人脉的经营需要的是长期的战略眼光

一定不要用过于势利的短浅眼光经营人脉，那只会让你的路越走越窄。

历史小说家高阳笔下的《红顶商人》胡雪岩，其高超的交际手腕让读者大为叹服，对胡雪岩有深入研究的学者曾仕强分析，胡雪岩的过人之处是“对事情看得透，眼光够远，从不会轻忽小人物”。

比如书中所写，浙江巡抚王有龄对胡雪岩的发迹有着绝对影响。当初王有龄不过一介穷书生，但胡雪岩就全力相助，等同投资一笔交情生意。

在台北，有一个非常著名的房产中介，她就是“身心灵成长协会”的创办人赖淑惠。当时赖淑惠住在一个大厦里，同时兼营这个楼的房产中介，而凡是对大厦有兴趣的买家，第一个总是先询问大门管理员，“最近有没有住户要卖房子啊？价钱多少呢？”有趣的是，每次管理员的回答几乎是：“你去问住在八楼的赖小姐，她很喜欢买卖房子，这样就不必再去找其他中介商了。”此外，该楼谁急用钱要卖房子的消息也总是第一个传到她的耳朵里。也因此，赖淑惠在首都大厦一个物业上整整赚进1000多万元。

为什么管理员愿意帮赖淑惠的忙？说穿了是她将任何人都当成家人般关心。赖淑惠每天出入大门，必会向当日值班的管理员打招呼，出差返回也会顺道带些当地名产略表心意。

如果生活中的你也有如此气魄和胸怀，你的人脉也会越来越广的。

一位久病的人，在醒来的时候，发现床周围有好多朋友在探望自己，而且个个泪流满面。这个重病的人当时已经生命垂危，但是当他看到这一幕的时候，一下觉得生命是这么有意义。

事实上，一些心理学家曾经指出，人的一生可以结交200多名朋友，而核心的可以有50多位。但是生活中，太多的人看起来朋友不少，可能称得上有交情的却微乎其微。像在应酬场合活跃的人士，看起来人脉丰沛，但最后愿意为他两肋插刀、雪中送炭的都不是这些看来热络却只是点头之交的人，而是在生活中，你很可能忽略了真正重视你的朋友。

那么，我们如何能交到这种在自己生病的时候流泪的朋友呢？最简单的做法就是在我们平时健康的时候和他们交朋友，在他们落难的时候热心地帮助他们。要知道，朋友给你带来的精神力量，关键时刻足以增强你的生存意识。

7. 人脉是个人成长的镜子

我们每一个人都希望自己有一个生命中的“贵人”，在关键时刻或危难之际能帮我们一把。

贵人相助确实是我们成功道路上的宝贵资源，他可以一下子打开我们机遇的天窗，让我们拨云见日，豁然开朗，直接进入成功的序列和境界；他可以大大缩短我们抵达成功的时间，提升我们成功的速度，使我们站上巨人的肩膀。

世界首富比尔·盖茨在他20岁时签到了第一份合约，这份合约是跟当时全世界第一电脑公司——IBM签的。

当时，他还是位在大学读书的学生，没有太多的人脉资源。他怎能钓到这么大的“鲸鱼”？可能很多人不知道，比尔·盖茨之所以可以签到这份合约，中间有一个中介人——比尔·盖茨的母亲。比尔·盖茨的母亲是IBM的董事会董事，妈妈介绍儿子认识董事长，这不是理所当然的事情吗？比尔·盖茨签到IBM这个大单，奠定了他事业成功的第一块基石。

人脉是个人成长的镜子。

“不识庐山真面目，只缘身在此山中”。人最大的敌人是自己。而战胜自己的最有力武器是认识自己。我们很难掌握自己，唯一的办法只有拿自己与周围的人比较，或者从人的交往中逐渐看清楚别人眼中的自己，有时候，必须在多次受到长辈的斥责和朋友的规劝之后，才能恍然大悟，看清真实的自己。

“以人为镜，可以明得失。”物以类聚，人以群分，在我们丰富的人脉网络中，每一个人都是我们学习的标杆和榜样，从他们身上，我们可以看到自己的不足和缺点，更可以免费地学习到他们成功的经验和失败的教训。

每个人总是在不断开发自己的人脉网络，区别在于成功的人总是比别人拥有更庞大和更有力量的人脉网络。这样，我们就不难理解，为什么广东的民营企业家我们热衷于到中央党校学习的原因了，因为，那里汇聚着最前沿、最新鲜的中国政治经济信息，那里汇聚着决定中国发展方向的智慧精英，那里汇聚着中国最有潜力和实力的政治精英和商界精英。

这是发生在美国的一个真实故事：

一个风雨交加的夜晚，一对老夫妇走进一间旅馆的大厅，想要住宿一晚。

无奈饭店的夜班服务生说："十分抱歉，今天的房间已经被早上来开会的团体订满了。若是在平常，我们会送二位到饭店没有空房的情况下，备用的旅馆，可是这样的话，你们势必要再一次置身于风雨中，你们何不待在我的房间呢？它虽然不是豪华的套房，但还是蛮干净的，因为必须值班，我可以待在办公室休息。"

这位年轻人很诚恳地提出这个建议。

老夫妇大方地接受了他的建议，并对造成的不便致歉。

隔天雨过天晴，老先生结账时，柜台仍是昨晚的这位服务生，并依然亲切地表示："昨天您住的房间并不是饭店的客房，所以我们不会收您的钱，也希望您与夫人昨晚睡得安稳！"

老先生点头称赞："你是每个旅馆老板梦寐以求的员工，或许改天可以帮你盖栋旅馆。"几年后，他收到一位先生寄来的挂号信，信中说了那个风雨之夜所发生的事，另外还附一张邀请函和一张纽约的往返机票，邀请他到纽约一游。

在抵达曼哈顿几天后，服务生在第5街及34街的路口遇到了这位当年的旅客，这个路口正矗立着一栋华丽的新大楼，老先生说："这是为你盖的旅馆，希望你来为经营，记得吗？"

这位服务生惊讶莫名，说话突然变得结结巴巴："你是不是有什么条件？你为什么选择我呢？你到底是谁？"

"我是威廉·阿斯特，没有任何条件，你正是我梦寐以求的员工。"

这旅馆就是纽约最知名的华尔道夫饭店，这家饭店在1931年启用，是纽约极致尊荣的地位象征，也是各国的高层政要造访纽约下榻的首选。

当时接下这份工作的服务生就是乔治·波特，一位奠定华尔道夫世纪地位的推手。

是什么样的态度让这位服务生改变了他的命运？毋庸置疑的是他遇到了"贵人"，可是如果当天晚上是另外一位服务生当班，会有一样的结果吗？

人间充满着许许多多的因缘，每一个因缘都可能将自己推向另一个高峰，不要轻忽任何一个人，也不要疏忽任何一个可以助人的机会，学习对每一个人都充满热情，学习把每一件事都做到完善，学习对每一个机会都充满感激。

相信，我们就是自己最重要的贵人。

[第二章]

RENMAIDEGUIJI

人脉——用诡计营造身边的财富

如果说血脉是人的生理生命保障系统的话，那么人脉则是人的社会生命的支持系统。在好莱坞流行一句话：一个人能否成功，不在于你知道什么，而是在于你认识谁，用人脉营造财富。

1. 最有效的求职途径是熟人介绍

熟人介绍，扩展你的人脉链条。根据美国人力资源管理协会与《华尔街日报》共同针对人力资源主管与求职者所进行的一项调查显示：95%的人力资源主管或求职者透过人脉关系找到适合的人才或工作，而且61%的人力资源主管及78%的求职者认为，这是最有效的方式。前程无忧网也曾经做过“最有效的求职途径”调查，其中“熟人介绍”被列为第二大有效方法。

所以，根据你的人脉发展规划，你可以列出需要开发的人脉对象所在的领域，然后，你就可以要求你现在的人脉支持者帮你寻找或介绍你所希望的人脉目标，然后，创造机会，采取行动。

参与社团可在自然状态下与他人互动建立关系，从中学习服务人群进而创造商机并扩展自己的人脉网络。

你所认识的人是否都和自己很像？背景相似？对于很多事情的看法也一致？如果你的回答是肯定的，那么你可要注意，因为这表示你的生活圈越来越狭窄，拓展人脉的机会也越来越少。

如何扩展公司、单位以外的人脉？扩大交友范围吧，所谓的“虚拟团队”很重要，即透过社团活动的开拓来经营人际关系。平常太主动亲近陌生人时，容易遭受拒绝，但是参与社团时，人与人的交往在“自然”的情况下将更顺利。为什么强调自然？因为人与人的交往、互动，最好在自然的情况下发生，有助于建立情感和信任。通过社团里面的公益活动、休闲活动，产生人际互动和联系。

参加社团的人都具有3种特质，第一，证明自己是勇敢的，主动接近人群，不因害怕人心复杂就躲在家里、厨房或工作领域；第二，证明自己是喜欢成长的人，因为在社团里面，不管是阅读、听演讲或是和人分享生活，都是让人学习成长的机会；第三，是热心、喜欢做善事的人，才会加入社团奉献时间和金钱，希望透过团体的力量，让社会更美好。

很多人不是以没钱，就是没时间为理由，拒绝加入任何社团。其实想要拓展自己的人脉网络，爱钱之前必须先学会如何爱人，接近人就等于是接近钱、接近前途；唯有接近人群，打开人脉通道，一通百通，才是创造财富和寻找人生机遇的最佳捷径。

别忘了，如果你参加了某个社团，你最好能谋到一个组织者的角色，当然，理事长、会长、秘书长更好，求其次也要当一个干事之类，因为，这样你就得到了一个服务他人的机会，在为他人服务的过程中，你自然就增加了与他人联系、交流、了解的时间，你的人脉之路也就在自然而然中不断延伸。

一个在一家中型企业做销售部经理的朋友，建立了自己的博客，闲暇之余他喜欢将自己商场打拼的体会、经验、教训、甘苦贴在网上。有一次，在浏览博客网页时，他发现了一篇很精彩的文章，读完之后，他把自己的读后感以及对文章的肯定和赞美回复给了作者。就这样一来二去，他们建立了坦诚交流的“文缘”，很是投机。四个月后的一天，他突然接到这位网友的电话，说是在他所在的城市出差，问能否见上一面。见面交谈了尽两个小时之后，对方方才递上了自己的名片，并问朋友是否愿意到他的企业去工作。原来，这位网友竟然是自己所从事行业中全国有名的第二大企业的老板。

现在，他已是这家企业主管营销的副总经理。由于他们在网上不设防地交流，双方对对方的价值观、思想、爱好、兴趣、处世原则、能力等已经有了比较透彻的了解，所以，与这位网友老板相处一直很融洽。目前，他还担任了两个博客版面的斑竹，据他说，利用网络他已在全国十五六个城市有了近20位比较知心的朋友，此举大大促进了他业务的开展，也为自己人脉资源的延伸激动不已。

参加与自己的工作或兴趣有关的各类培训班，有三大好处：一是走出去方知天外有天、人外有人；二是一学习才知道自己孤陋寡闻；三是培训班不仅是一个学知识、长见识、开思路的好地方，更是我们借此拓展人脉资源的好机会、好平台。当然，最主要的是你要积极主动，做一个有心人。

同学会、老乡会、战友会、联谊会、沙龙聚会、庆典会等等，你若有时间还是尽可能地参加。有些人本能地厌恶或害怕参加闹哄哄的聚会，认为这些活动纯粹是在浪费时间和精力。自然，你若是想做一个独善其身的人，这些活动的确是浪费时间和生命。而你如果想扩展你的事业，这些活动对你来说却是必不可少的，你需要做的是，分辨出哪些该参加，哪些该拒绝。一旦决定参加，你就肩负一项任务，就是你必须从这次活动中有所收获，才有利于丰富你的人脉资源。当然，老人脉、老朋友之间的活动你可以轻松一些。

2. 做最有毅力、最有礼貌的人

想成为一名成功的人士，你要善于学会把握机会，抓住一切机会去培育人脉资源与关系，其实有许多机会就在你身边，但你可能总是平白地让它流失。如在婚宴场合，你可以在出发前，先吃点东西，并提早到现场，因为，那是我们认识更多陌生人的机会；即使参加一次萍水相逢的会议，你也可以与你的前后左右五六个人交换名片，利用休会的间隙聊聊；在外出旅行过程中，善于沟通与交流，主动与他人沟通等等。

其次是沟通能力。所谓的沟通能力，其实就是了解别人的能力，包括了解别人的需要、渴望、能力与动机，并给予适当的反应。如何了解呢？要学会倾听，倾听是了解别人最妙的法宝。除了倾听，适时赞美别人也是沟通妙法。美国钢铁大王卡耐基，在1921年付出100万美元的超高年薪聘请CEO夏布（Schwab）。当时许多记者访问卡耐基时，都会问为什么是他？卡耐基说："因为他最会赞美别人，这也是他最值钱的本事。"甚至连卡耐基为自己写的墓志铭都是这样的——"这里躺着一个人，他懂得如何让比他聪明的人更开心。"

在公司内部，你也要珍惜与你的上司、老板、同事单独相处的机会，比如陪同上司或老板开会、出差等，这是上天赐予你强化人脉的绝佳良机，千万不要错过。当然，你要做好充分的准备，适当地表现，切勿弄巧成拙。

有统计资料表明，现在日本有1.35万家麦当劳店，一年的营业总额突破40亿美元大关。拥有这两个数据的主人是一个叫藤田田的日本老人，日本麦当劳株式会社名誉社长。藤田田1965年毕业于日本早稻田大学经济学系，毕业之后随即在一家大电器公司打工。1971年，他开始创立自己的事业，经营麦当劳生意。麦当劳是闻名全球的连锁速食公司，采用的是特许连锁经营机制，而要取得特许经营资格是需要具备相当财力和特殊资格的。

而藤田田当时只是一个才出校门几年、毫无家族资本支持的打工族，根本就无法具备麦当劳总部所要求的75万美元现款和一家中等规模以上银行信用支持的苛刻条件。只有不到5万美元存款的藤田田，看准了美国连锁饮食文化在日本的巨大发展潜力，决意要不惜一切代价在日本创立麦当劳事业，于是绞尽脑汁东挪西借起来。事与愿违，5个月下来，只借到4万美元。面对巨大的资金落差，要是一般人，也许早就心灰意懒，前功尽弃了。然而，藤田田却有对困难说不的勇气和锐气，偏要迎难而上，寻找助他事业成功的贵人。

于是，在一个风和日丽的春天的早晨，他西装革履满怀信心地跨进住友银行总裁办公室的大门。藤田田以极其诚恳的态度，向对方表明了他的创业计划和求助心愿。在耐心细致地听完他的表述之后，银行总裁作出了"你先回去吧，让我再考虑考虑"的决定。

藤田田听后，心里即刻掠过一丝失望，但马上镇定下来，恳切地对总裁说了一句："先生可否让我告诉你那5万美元存款的来历呢？"得到的回答是"可以"。

“那是6年来按月存款的收获，”藤田田说道，“6年里，我每月坚持存下1/3的工资奖金，雷打不动，从未间断。6年里，无数次面对过度紧张或手痒难耐的尴尬局面，我都咬紧牙关，克制欲望，硬挺了过来。有时候，碰到意外事故需要额外用钱，我也照存不误，甚至不惜厚着脸皮四处告贷，以增加存款。这是没有办法的事，必须这样做，因为我在跨出大学门槛的那一天就立下宏愿，要以10年为期，存够10万美元，然后自创事业，出人头地。现在机会来了，一定要提早开创事业……”

藤田田一气儿讲了10分钟，总裁越听神情越严肃，并问明了他存钱的那家银行的地址，然后对藤田田说：“好吧，年轻人，下午就会给你答复。”

送走藤田田后，总裁立即驱车前往那家银行，亲自了解藤田田存钱的情况。柜台小姐了解总裁来意后，说了这样几句话：“哦，是问藤田田先生吧。他可是我接触过的最有毅力、最有礼貌的一个年轻人。6年来，他真正做到了风雨无阻地准时来这里存钱。老实说，这么严谨的人，真是要佩服得五体投地了！”

听完小姐介绍后，总裁大为动容，立即打通了藤田田家里的电话，告诉他，住友银行可以毫无条件地支持他创建麦当劳事业。藤田田追问了一句：“请问，您为什么要决定支持呢？”

总裁在电话那头感慨万端地说道：“我今年已经58岁了，再有2年就要退休，论年龄，是你的2倍，论收入，是你的30倍，可是，直到今天，我的存款却还没有你多……可是大手大脚惯了。光说这一句，就自愧不如，敬佩有加了。我敢保证，你会很有出息的。年轻人，好好干吧！”

藤田田的故事告诉我们，贵人相助需要我们执著的努力。很多人既想得到贵人相助，又害怕贵人拒绝，说到底你是不想成功。其实，贵人也想结识像你一样的贵人，关键是你要勇敢地向前跨进一步。

3. 每个人都可能成为你的客户

A在合资公司做白领，觉得自己满腔抱负没有得到上级的赏识，经常想：要是有一天能见到老总，有机会展示一下自己的才干就好了。

A的同事B，也有同样的想法，他进了一步，去打听老总上下班时间，算好他大概会在何时进电梯，他也在这个时候去坐电梯，希望能遇到老总，有机会可以打个招呼。

他们的同事C更进一步。他详细了解老总的奋斗历程，弄清老总毕业的学校，人际风格，关心的问题，精心设计了几句简单有分量的开场白，算好时间去乘坐电梯，跟老总打过几次招呼，终于有一天跟老总长谈了一次，不久就争取到了更好的职位。

愚者错失机会，智者善抓机会，成功者创造机会。机会只给准备好的人，准备二字，并非说说而已。而更重要的是要“做”，要去创造。

据传，日月光半导体总经理刘英武当初在美国IBM服务时，为了争取与老板碰面的机会，每天都观察老板上洗手间的时间，自己选择在那时去上洗手间，增加互动。

同时，你还要把握每一个帮助别人的机会。施比受更有福，虽然是老生常谈，但如果你一直秉持这个信念，不管往来人的阶级高低，总是尽量帮助别人，在你需要的时候，别人自然也会帮助你。

要成大事，先要会做人；而会做人，即是善于在交往中积累人脉资源。若能做到圆通有术，左右逢源，进退自如，上不得罪于达官贵人，下不失信于平民百姓，中不招妒于同行朋友，行得方圆之道，人脉大树枝繁叶茂，那成大事一定不在话下了。胡雪岩就是这样一个人，在晚清混乱的局势中立足脚跟，在商业上红极一时。纵观胡雪岩的一生，其成功之处可归结在为人处世上，他能在乱世之中，方圆皆用，刚柔皆施，懂得如何积累人脉资源，并利用它为自己的商业铺路。

全世界有60多亿人口，有哪些人可以作为人脉关系呢？这是许多人都会提出的问题。

首先，你必须有一个目标定位，然后，决定找哪些类型的人，当这些目标确定之后，就找一个简单的方法，贯彻始终。这个方法不是别的，就是使用“大数法则”。

什么是大数法则？大数法则又称“大数定律”或“平均法则”，是概率论的主要法则之一。此一法则的意义是：在随机现象的大量重复出现中，往往呈现几乎必然的规律，这类规律就是大数法则。大数法则的精神实质在于观察的数量越大，预期损失率结果越稳定，所以，大数法则是保险精算中确定费率的主要原则。

把“大数法则”用在人脉关系上，就是借用这个原则的精神实质：你结识的人数越多，那么，预期成为你的朋友至交的人数占你所结识的总人数的比例越稳定。所以，在概率确定的情况下，你要做的工作就是结识许许多多的人，广泛地收集人脉信息，有效地运用大数法则来推断分析，评估你的人脉关系的进展以及存在的问题，从而制订相应的对策，不断改进方法，广结人缘。

全世界的商业人士实际上都在自觉或不自觉地使用大数法则，这是因为大数法则永远支配着商业社会，你必须服从这个永恒的法则。

法国亿而富机油前总裁，每年总要立下志愿，与1000个人交换名片，并跟其中的200个人联络，而且还要跟其中的50个人成为朋友。他遵循的就是大数法则。

比方说，对从事人寿保险的专业人士而言，你每天都会问：谁是你的客户？到哪里去寻找属于你的客户？答案其实是，每个人都可能成为你的客户。为什么？因为大数法则！同理，谁是职业和事业上的贵人？答案是每个人都可能成为你的贵人，贵人就在你的身边，关键是你要有经营人脉资源的意识，你要用心寻找，用心经营。

人脉是当今社会每一个人都需要关注的重要资源。在商场上有这样的名言："20 岁靠体力赚钱，30 岁靠脑力赚钱，40 岁以后靠交情赚钱。"朋友多则赚钱的机会也多。你所认识的每一个朋友，他们都有各自不同的圈子，如果你能够把你身边的关系真正经营好，朋友又会带出更多的新朋友，让你左右逢源。如果我们始终都只有原来几个客户，就像在小池子里捞鱼一样，小池子里也就这么几条鱼，总有被捞光的时候。每个人都需要细心广泛地经营你的人脉。现代社会建立人脉远远不是过去所谓的"拉关系"那么粗俗简单，其中包括很多层面的深化，需要用心体悟。

4. 人脉有多广，情报就有多广

2005 年 5 月 1 日下午 3 点，联想正式宣布完成收购 IBM 的全球 PC 业务，并以 130 亿美元的年销售额一跃成为当年全球第三大 PC 制造商。最令人意想不到的是，柳传志当初并不想进行收购，而是他的朋友圈子中的美林中国区主席刘二飞搭桥牵线和努力说服，才促成了这桩"美好姻缘"。

美林中国区主席刘二飞之所以能促成这样的交易，则来自于他从事投行丰富的人脉圈子。刘二飞与柳传志的私交非常好，而美林美国公司则又是 IBM 出售个人电脑业务的顾问。2004 年初，美国同事打来电话托刘二飞询问柳传志的收购意愿。这是"门当户对"的婚姻，令刘二飞想不到的是，柳传志不但一时不太相信，而且更没有接受的意思。刘二飞只好对柳传志说："就算你帮一个忙，你先去听听他们的情况。"

柳传志只好答应去听美林一个上午的电话会。会议结束后，柳传志说："听完了，你的忙帮了，但还是不想买。"

美林作为 IBM 的客户，刘二飞当然不便透露内情，他只能三番两次地进行劝说："虽然 IBM 是你的对手，但是它有很好的技术，你多了解一些情况没什么不好。这样吧，你签一个保密协议，然后再派人详细了解一下

IBM 的情况，如何?”

柳传志经不住刘二飞的苦劝，就派了一名高管带队去美国考查了一圈。高管回来报告说：在技术方面 IBM 有很多优势，但在管理上有很多漏洞，就像一直开着的水龙头，造成很大的浪费，只要把这个水龙头关上，就能有很大的利润。这终于引发了柳传志的兴趣，柳传志开始请来麦肯锡和高盛做顾问，进行了一系列的考察和谈判，最终完成了收购。

古人云：物以类聚，人以群分。

人生在世，每个人都无法避免地生活在圈子当中。

一个人从来到世界第一天开始，就总是从一个人脉圈子到另一个人脉圈子，从一个领域到另一个领域，从一个职位到另外一个职业，总是不断地突围、不断地“往高处走”。这是一个人成长和发展的必然过程，即使人类已经进入地球村时代，我们还是一边打破圈子，一边营建圈子。

人脉圈子存在的形式并不固定，可正式，可非正式；可有形，可无形；可大，可小。正式圈子通常指在民政部、工商部门注册的组织机构、社团法人，在这种圈子中，有专职人士服务，定期举行活动，会员还要交一定的会费。非正式圈子通常没有任何形式上的规定，也不需要注册，譬如几个人经常聚在一起，这就是一个圈子。

从广义上来理解人脉圈子，就是有某一共同标志符号的群体。

每一个人脉圈子都有其共同的标志符号。可能意味着身份、经历的相近，比如同学会、老乡会、战友会，以及各类商会；也可能意味着利益攸关，圈内成员某种意义上就是盟友；有时候圈子则体现志同道合、志趣相投，反映了一种社会追求，如各类的行业协会、社会社团、政党等等；有时候圈子是地位的象征，在心理满足和身份认定中有着特定的作用，比如时下充满精英分子的长安俱乐部。

当然，圈子并不是拉帮结派的同义词。它不是个贬义词，范围和内涵广泛得多。圈子越来越多，只意味着人与人之间的接触越来越频繁，社会关系越来越开放和多元。

在我们进行这次开放式成功人士的调查中，圈子和人脉也是绝大多数开放型成功者公认的成功要素，能够善于打开社会人脉圈子，这也正是开放型成功者与过去时代的保守型成功者的区别。

有一位接受采访的海归企业家就曾谈到过自己在沃顿商学院留学时，曾对一场“成功的 CEO”的主题演讲印象深刻。当时的演讲人是史克必成公司的 CEO，1953 年毕业于哈佛 MBA，这位演讲人问台下众多沃顿学生一个问题：“你们读 MBA 的目的是什么？”他说了三个选择：MBA 的名声、圈子和知识。大多数人都毫不犹豫地选择了圈子，于是，众多听众还反过来问这位 CEO：“你 1953 年毕业，到现在对你帮助最大的是什么？”这位演讲者微笑着回答：“就是人脉。”

圈子的出现也并不是社会开放所带来的结果。无论在哪个社会，无论从精神或物质哪个角度来考虑，人的生存发展都离不开圈子。在人生漫长而艰辛的征途当中，任何人都不能仅靠自己的力量，独自走向终点。人需要情感上的相互理解，需要尊重、信任和温暖，需要亲情、爱情、友情的支持。同时，人的生存和发展也必须与人结盟合作。

在最原始的社会，体魄决定生存，独自一人连生存都是问题。随后的社会发展越来越重视分工协作，进入到工业和信息社会后，人生选择变得更加自由，你可以选择自己的职业、生活方式、人生道路，但同时人与人之间的联系更亲密，甚至只要想有所发展，就只能“越来越不自由”。因此，我们也必须组成各种圈子，进行互相帮助，互通有无，互相合作，互换资源。

5. 从个人英雄主义走向集体英雄主义

周氏王朝国际控股有限公司总裁周松波说：“发现人才的渠道比较多，企业普遍的途径是通过在报纸、网上登广告，还有找猎头人士。但最好的方法是经过一些朋友，或者经过一些协会，找情况比较了解的人。”

华平创投公司董事总经理孙强也认为投资对象最好在自己的交际圈子中选择，因为你对他知根知底，能够信任："这就像产品一样，一般来讲，最好的企业都是通过熟人的介绍，而不是靠广告去发现，因为广告往往掺杂很多水分。所以，我们通常都是通过国内的朋友，比如律师、财务顾问、审计师、会计师以及企业界朋友的介绍来寻找投资对象。"

圈子，顾名思义，是一个互相沟通交换资源的圆圈。因此也有人说，圈子就是个人资源与社会资源进行交换、整合、匹配的一种魔方。2006年，在研究300个回国创业成功海归人士特征中发现，近80%的回国创业成功的海归都在不同时期不同程度上至少加入一个协会、商会、校友会、同乡会、俱乐部或创业园区组织等各式各样的圈子，他们很多在这里找到了创业的团队、资金、技术、创意等诸多创业元素。

当然，个人只有进入某个圈子，成为那个圈子流通中的一个环节，才能够获取圈子提供的机会、信息、盟友、人脉，才拥有这个圈子给你带来的平台和品牌价值。

1999年，陈宏同网迅公司的创始人朱敏、新浪网CEO茅道临、斯坦福大学教授张首晟等5人发起成立了华源科技协会，主要致力于促进中美商界的交流活动。

陈宏是第一任会长，他后来成立汉能公司，第一桩买卖就是帮这个圈子的成员华源的理事创建中微半导体设备公司的尹志尧融资。

第二任会长是朱敏，在硅谷这个由创业者、风险投资家、管理顾问、律师、会计师、大学教授与专家组成的大圈子中，没有谁能取代谁，正是各司其职的合作，才能创造出与众不同的硅谷。"集体英雄主义"正是这种圈子合作精神的最佳代名词。所以，朱敏认为他在华源的使命就是"要让中国人创业从个人英雄主义走向集体英雄主义"。

第三任会长是邓锋，他认为我们这些在硅谷打拼的华人组建这个圈子，不仅要帮助圈子内成员互通有无、交换资源、互相帮助，还要能架起一座沟通美国企业与中国企业的桥梁。于是，他上任第一年就牵头组织了"中美IT企业领袖CEO峰会"，正是在那次峰会上，马云和杨致远单独长谈，才促成了后来雅虎与阿里巴巴的战略合作，后来联想在美国招聘人员也是通过该协会协助完成。

一般说来，圈子能够为我们提供这几种基本资源：信息和机会的资源、人脉和朋友的资源、平台和品牌的资源。

这三者也是密不可分的关系，譬如人脉本身就是机会和信息。据说，盛大的董事长陈天桥之所以能与现在的CEO唐峻“喜结良缘”，就得益于圈子的力量：两人同时参加一个软件行业的聚会，碰巧坐在一起，双方一交谈，惺惺相惜，后来人脉就变成了机会，唐峻得以跳槽到了陈天桥旗下，或者说陈天桥得以挖走了唐峻。

开放式人生的一个重要特点，就是能够帮助你最大限度地扩大圈子，进而扩大信息、人脉、朋友、平台等各种资源，最终使得你的事业更容易取得成功。

寻找人脉主动出击，找到想认识的人就想办法去结识，结识之后要把对方当成自己的好朋友慷慨相待。

也许有人会说：经常吃饭喝酒的那只是酒肉朋友，不见得真心。但发展人脉的出发点就是先“跑量”，再从中精选可以重点发展的对象。走好第一步，慷慨待人，让别人感受到你的大气，是必需的。

如何做到慷慨大气呢？就是做事要有点弹性，即灵活为好。交友有五大原则：世上没有不可交的同事，敞开自己的心胸，主动去接纳他人；相逢一笑万事了，应主动化开僵局，不打不相识；不是敌人，就是朋友，这样朋友越来越多，敌人越来越少；没有永远的敌人，也难有永远的朋友，以一个平常心来交友。

要学会仔细倾听别人的话，忖度他人之心，理解朋友那样说的原因和立场，尽量体谅我们。因为现代社会是一个价值互换的时代，每个人都用自己最大的价值跟别人进行价值交换，才能够成就出今天的成绩。每个人都有需求，每个人也都在供给，而在需求与供给之间，完全要看自己是不是能够放下自己的架子，愿意跟别人进行一个更广泛规模的交换。

摆架子的人，自以为是，自命清高，以为自己的东西是不会被取代的，以为自己的地位是独一无二的，因此，我们就缺乏跟别人交换的那一份意愿。越是摆高架子，不愿意跟别人进行合作的人，越会因为自己高高在上而变得一无所有。

也许你没有富爸爸，没有可以减少奋斗20年的终身伴侣，但懂得人情学，就一样可以有贵人相助，获得多方助力。

科技的发达让人际往来变得多元而且复杂。在网络上一天所认识的朋友可能比过去现实生活中一年所认识的还多。

有位老板，经营的是一家专业汽车装饰商店。其公司刚开业的时候生意很淡，经人指点，他“混迹”于网络上一些车友俱乐部的BBS。如今一年多过去了，他在很多BBS上都是赫赫有名的人物，经常有人向他讨教汽车知识，探讨改车潮流。当然，很多人谈着谈着就将车开到了他的店里“实践”了。

所以在当今时代，如果还死抱着老想法，不屑于网络上的人脉，那就真的是落伍了。

台湾有一位著名“名片管理大师”叫杨舜仁，他号称有16000多张不同人物的名片，而通过他自己建立的一套名片管理系统，可以在几秒之内找出任何一个想要找的人的资料。

让他想到开发这个系统的契机是这样的：2001年，他从原来的公司辞职时发出了3000多封电子邮件，告知众亲友其辞职的原因，同时感谢大家多年的照顾。没想到此后他收到了300多封回信，其中包括16个全职或兼职的工作机会。

杨舜仁说：“这是人生的一个转折点。”他开始进行名片管理系统的研究，将这些名片上的信息输入计算机，运用现代科技手段，进行有效的人际交往，他经常写一封“嗨！是杨舜仁，好久不见啦，最近过得好不好？”之类的短信，发给数百位朋友，使人脉长久“保鲜”。

“现在开始整理你手边的名片绝不会太迟。”杨舜仁说他有今天的成果也是一点一滴建立起来的。“其实工具就在你身边，只要会用outlook，就能立即进入操作。每天换到的名片要立即在背面批注，包括相遇地点、介绍人、名片主的兴趣特征，以及交谈时所聊到的话题等，越翔实越好。然后在建立‘新联络人’时将这些信息打在备注栏里，以后只要用‘搜寻’功能便能将相同性质的人找出来。”

6. 人脉是世界上最厉害的乘法

一场高尔夫，中海油副总经理傅成玉与一位戴眼镜的男子握了握手，此后两人便在轻松挥杆中攀谈起来。

这外界看似普通的聊天，却成就了中海油与美国 AIG 亚洲基础设施投资基金的缘分。中海油第一次寻求上市失败后，便迎来了 AIG 基金的一大笔投资，而这位主事的人正是阎焱，而今他已经是赛富基金管理公司的首席合伙人。

此后不久，和卫留成一起经历了第一次上市失败创痛的刘二飞，挥杆之余，也在和卫留成商量中海油的第二次上市。这时，刘二飞的角色也由中海油的财务顾问，变为了美林证券中国区的掌门人。

绿色的高尔夫球场背后隐藏的往往是一场资本的较力。在杆与球发生了清脆的撞击声之后，很多事情就这样一“杆”进洞……

绿色的高尔夫球场，虽然没有树，却种植了根系发达的黄金人脉。

曾任美国总统的西奥多·罗斯福曾说：“成功的第一要素是懂得如何搞好人际关系。”有人统计：一个人事业的成功，80%归因于与别人相处，20%才是来自于自己的心灵。做投资人更是如此。

投行界的一句名言是：投人、投人、投人！因为人是投资者最看重的因素。

从飞机设计到社会学，再到国际政治经济学，现为软银亚洲投资基金首席合伙人阎焱几次转身后，却在世界银行做起了研究员。这个兴趣时常变换、不断尝试的年轻人，1994 年正式加入 AIG 亚洲基础设施投资基金，却意外地保持了对直接投资这个行业的“忠诚”，一做就是十几年。

阎焱投资的项目，很多人觉得是冷门，盛大、橡果国际，或者顺驰网络，只有等到上市套现之后，人们才会恍然惊叹风险投资者的独到眼光。

对此，阎焱倒不觉得神秘："这主要基于两个原因：一是所投公司本身的商业模式，他们本身就是行业的领头羊。另一个则是得益于资金的魅力。因为一旦吸引了资金进来，在与对手的竞争中，竞争力自然就增强了。"

当然，投资之后，强大的不仅仅是被投资人，捆绑在一起之后的投资者和被投资者，在上市之后都会获得巨额的收益。

例如，2003 年 4 月，软银亚洲基础设施基金在盛大最困难的时候投资 4000 万美元。18 个月以后，软银亚洲基础设施基金顺利退出成功套现 5.5 亿美元。此举使软银亚洲摘取了"2004 年中国最佳创业投资机构"的桂冠，投资盛大也成为 2004 年度中国风投的最佳案例。

与盛大相似的案例还有很多，有人说，人脉是世界上最厉害的乘法。人脉资源是一种潜在的无形资产，是一种潜在的财富。的确，当你对一个人有了更深的理解之后，你才会发现他背后的潜在价值。很多成功的商界人士都深深意识到了人脉资源对自己事业成功的重要。

曾任美国某大铁路公司总裁的 A·H·史密斯说："铁路的 95% 是人，5% 是铁。"美国钢铁大王及成功学大师卡耐基经过长期研究得出结论说："专业知识在一个人成功中的作用只占 15%，而其余的 85% 则取决于人际关系。"

人脉资源越丰富，赚钱的门路也就越多；你的人脉档次越高，你的钱就来得越快、越多。这已经是有目共睹的不争事实。

"黄金有价，人脉无价"，交一个朋友很难，但是失去一个朋友却很简单。所以，维护朋友关系是你在黄金人脉道路上不二的选择。

7. 你的贡献越大，价值越大

熊晓鸽在中国市场创业生涯的第一单，看起来纯属“意外收获”。1991 年 12 月，他以 IDG 成员的身份来到北京。就在此时，一个机会向他靠近。

“当时美国有家公司和《国际电子报》签订了合资协议，政府也同意了，甚至在人民大会堂举行了仪式。但是美方公司因对中国的风险判断不准而突然不做了。”

无巧不成书的是，在这次合资中的中方正好和电子情报研究所是合作伙伴，而熊晓鸽在参加 IDG 以前曾在美国一个出版公司工作，也跟电子情报研究所有合作，双方都比较熟悉。于是，以熊晓鸽和电子情报研究所为纽带，他在中国的第一单业务，就是前面的那项合资。或者说，他是顶替撤资的美方进入的。

“当时我们和电子情报研究所的合作伙伴《计算机世界》的中方领导人都很熟悉，有过合作，所以能够拣到这个项目，也顺理成章。”谈起十几年前的往事，熊爽朗地笑了，而让他最开心的是，这个熟人之间的合作，出奇的顺利。

“我们见面后，谈了半小时就成了，连 IDG 的大老板麦先生都没有想到。”由于当时还没有商务电子邮件，熊晓鸽用传真把合同文本发给 IDG 美国总部，请求授权。在他看来，彼时的中国，每一项投资，做不到美国那样商业化，合同订立前后要有律师和会计师跟进，当时完全是靠朋友间的了解和信任。所以，他要以 IDG 公司的名义达成合作，还需要美方老板的全权授权。

结果第二天，熊晓鸽就取得了授权书，和对方签约了。在熊晓鸽的建议下，《国际电子报》这个媒体投资项目被并到《计算机世界》，后来改刊成为《网络世界》，引领一代潮流，也让他赚了很多钱。

而今回顾当年的事，熊晓鸽坦言，当时虽然也看了项目有关的财务数据，但是，熊晓鸽觉得，能够让他对这个项目有信心的，并不仅仅在于那堆数字。重要的是此前的“那些交情。”

或许很多人都听过一句话“30 岁以前靠能力，30 岁以后靠人脉。”对此，很多人都有一种误解：“人微言轻，又无经验，人脉不就是互相帮忙吗？帮不上别人的忙，人家凭什么要来和打交道呢？”

其实，这句话的含义并非如此。为什么要 30 岁以后呢？就是等你和你的网络一起成长。所以，开始建立人脉时，你的为人必定要热心，你的贡献越大，价值越大，反过来，别人愿意替你付出的也越大。帮不上大忙帮小忙，首先要做到乐意和别人分享。

美林证券中国区主席刘二飞刚回国的时候有些水土不服，人际关系中的微妙之处，他常常把握不好，这时候，为他指点迷津并把他引入中国政商圈的还是他的一位朋友。

当年，因为刘二飞发表的一篇很短的文章，因此结识了这位朋友，而当刘二飞回国后，正是当年这位笔友帮助刘二飞进入了中国的上层交际圈。

靠朋友，熊晓鸽也是一路顺风。IDG 最近 2 个月融资 3 个亿，效率高得惊人。怎样在这么短的时间内取得融资方的认可呢？

除了在中国市场的巨大发展潜力之外，原来融资一方的牵线人竟然和熊晓鸽“彼此听过对方名字十几年”。

融资方的主管合伙人，其父亲是 IDG 的第四个雇员，也是 IDG 下面的市场研究公司 IDC 的第一个总裁，熊在做上海一家基金的时候，这个合伙人的父亲就是董事之一。

“虽然和这位主管合伙人未曾谋面，可是和他的父母很熟悉。见了他后，跟他开玩笑，听你父母讲你的故事，听了 12 年。”这位主管合伙人到北京来，和熊晓鸽第一次见面，简直是一见如故。接下来的融资合作，自然很顺利。

虽然朋友多了路好走，但是在刘二飞看来，朋友还是柄双刃剑，这些年，刘二飞时刻提醒自己，不能因为是朋友就丧失原则，否则有时候就连朋友也做不成。

红杉投资的中国基金合伙人沈南鹏，也很同意刘二飞所说。“做投资要理性，不能靠关系好坏。没有一个投资者会因为个人好恶或者感情做投资的基础。如果凭感情因素投资，他就注定是个失败的投资者。”

阎焱做投资时，在判断人同时进行的还要有纯粹商业上的判断。考察公司的盈利能力、发展潜力，财务、法律等方面的指标必须有专门的项目小组负责。

8. 良好人际关系决定你的施展空间

高盛的胡祖六把投资的原则做了更为详尽的解释：

我们在选择投资对象时，首先看到的是这个企业所属行业的潜力，未来的发展方向以及企业本身的资质，这是一个基本事实。

通过我们对中国市场的研究，以及对企业的调查，进行筛选。这其中既包括找到我们寻求投资的企业，也包括我们在研究过程中发现的具投资价值的企业，再考察其是否符合中国相关的国家政策等。

对企业本身而言，我们最看重的是其本身所处的行业以及企业本身是否具投资价值。它必须是已经被市场认可的企业，必须符合中国改革政策的方向。

然后，我们会考察企业的管理团队是否足够优秀；企业的治理结构是否合理以及企业领袖是否足够聪明、勤奋。这其中可能会更多地体现出人的价值。

投资原则简单地概括为：“投资原则就是三个。一是行业，二是企业家本身，三是帮助企业家成长。”

美林证券中国区主席刘二飞认为：在选择朋友的时候要客观，同样在交上朋友之后，怎样看待朋友对自己的态度也要客观。商业上的事要更多地从商业角度考虑。

你不能想当然地认为朋友的事情都得拿给你做，朋友是朋友，生意归生意，这两件事不能混在一块儿，你做事的时候就不能把他当成朋友，还是要把他当成客户。

美国中经合的董事总经理张颖考察被投资者更有一套自己的办法。由美国中经合投资全景的第一期风险投资资金全部到位，这笔600万美元的生意正是张颖在一次创投年会上碰上的。“他们说，全景是中国最大的创意图片库，会后我们就很快接触。”

不到一个星期，张颖就带着几个投资经理来到全景的办公室楼下，全景的总经理吕辰事先完全不知道，还正在办公室和员工谈话。张颖一行进门以后，直截了当地提出想看看全景的营业额怎么样。吕辰打开公司的财务管理系统，报表中的数据都清楚地呈现在网上。

像这样的“突然袭击”只是张颖验证一个公司是否有投资价值的方式之一，更多的时候，他需要“花大的精力去了解这个团队”。

张颖在选择管理团队时，还有一个与众不同的标准：最好是本地的管理团队。虽然他自己是在国外生活了15年的“海归”，但回国后一些失败的投资经历让他发现，“海归”团队的创业者，往往对中国国情同样缺乏了解，人力成本也很高。

结交朋友应该根据彼此投缘程度确定一个双方都觉得安全的距离，一般的朋友距离远一些，生死之交和道义上的朋友距离可近一些。但关系再好，彼此也应保持一定距离，使双方感觉增一分则太长，减一分则过短。

过分关心别人，包办别人本应自己干的事情，只能使对方感觉腻味、厌烦，别人表面上做盛情难却状，内心却掩藏着说不出的愤怒。殊不知，亲密要有间，距离产生美。

生活中，我们不能缺少朋友。一个没有良好人际关系的人，即使再有知识，再有技能，那也得不到施展的空间。对此，美国商界曾作过领导能力调查，结果显示：管理人员的时间平均有 3/4 花在处理人际关系上；大部分公司的最大开支用在人力资源上；管理的所定计划能否执行与执行成败，关键在于人；可见，任何公司最大、最重要的财富是人。

人脉资源是一种潜在的无形资产，是一种潜在的财富。表面上看来，它不是直接的财富，可没有它，就很难聚敛财富。如果你的人脉上有达官贵人，下有平民百姓，而且，当你有喜乐尊荣时，有人为你摇旗呐喊，鼓掌喝彩；当你有事需要帮忙时，有人为你铺石开路，两肋插刀，你就能感到人脉的力量。

[第三章]

RENMAIDEGUIJI

分享——用诡计经营人脉的法宝

以诚交友，彼此要坦诚，学会分享，才能肝胆相照。双方以真挚的言语、真挚的感情交往，摒除利害关系，能相知相惜，相互关爱，彼此扶助，就是真正的情谊了。

1. 你赢——我赢，互惠互利

利人利己是一种双赢的人际关系模式，利人利己观念认为，世界之大，人人都有立足的空间，他人之得不必视为自己之失。利人利己观念以品格为基础：诚信、成熟、豁达。豁达的胸襟源于厚实的个人价值观与安全感，由于相信有足够的资源，所以不怕与人共名声、共财势，从而开启无限的可能性，充分发挥创造力与宽广的选择空间。但是，有些人喜欢使用二分法，以为利人则必损己，利己则必损人。于是，为了一己之利，便置他人利益于不顾，最后却往往落得一个损人害己、两败俱伤的下场。利己损人，世上多少争斗；利人利己，人间无限芳春。

战后的日本为什么在世界上特别是在亚洲越来越孤立，而同是战败国的德国却不仅融入了欧洲还融入了世界？日本的孤立不是日本的光荣。日本既是世界上最富裕的国家之一，也是世界上最贫困的国家之一。诺贝尔和平奖得主特蕾莎修女说过，地球上有两个饥饿地带，一是非洲，一是日本。

日本著名企业家稻盛和夫说："世界要求日本从利己价值观向利人价值观转变。这是世界潮流。泡沫经济崩溃之后，在金融界、证券界、大建筑公司出现了许多漏洞，暴露了日本为了赚钱而不择手段的本性，也暴露了日本社会背后的人际关系，以及过去自私、利己的积弊。必须从自私向与世界协调的方向转变。在这个问题上要恰如其分地去做。世界形势迫使日本要大大转换价值观。日本在21世纪的今天，如果不打算大幅度转换价值观，就要成为世界的孤儿。"

美国汽车大王亨利·福特曾说过："如果成功有秘诀的话，那就是站在对方立场来考虑问题，能够站在对方的立场，了解对方心情的人，不必担心自己的前途。”“己欲立而立人，己欲达而达人”，只有这样，才能赢得人们的信任与好感，建立融洽的人际关系。

互惠原则讲求利人利己，绝不是世俗的“互相利用”。利己的原始动机是在帮助别人的利他行为中得到心理满足，对方给予自己的帮助，只是自己利他行为的客观报偿，也就是说，利己的目的不是要索取什么，而是从给予中达到欣慰。

一个禅师走在漆黑的路上，因为路太黑，行人之间难免磕磕碰碰，禅师也被行人撞了好几下。他继续向前走，远远看见有人提着灯笼向他走过来，这时旁边有个路人说道：“这个瞎子真奇怪，明明看不见，却每天晚上打着灯笼！”

禅师也觉得非常奇怪，等那个打灯笼的盲人走过来的时候，他便上前问道：“你真的是盲人吗？”

那个人说：“是的，从生下来就没有见过一丝光亮，对我来说白天和黑夜是一样的，甚至不知道灯光是什么样的！”

禅师更迷惑了，问道：“既然这样，你为什么还要打灯笼呢？你甚至都不知道灯笼是什么样子，灯光给人的感觉是怎样的。”

盲人说：“听别人说，每到晚上，人们都变成了和我一样的盲人，因为夜晚没有灯光，所以就在晚上打着灯笼出来。”

禅师非常震动地感叹道：“原来你所做的一切都是为了别人！”

盲人沉思了一会儿，回答说：“不是，为的是自己！”

禅师更迷惑了，问道：“为什么呢？”

盲人答道：“你刚才过来有没有被别人撞过？”

禅师说：“有呀，就在刚才，被两个人不留心碰到了。”

盲人说：“是盲人，什么也看不见，但从来没有被人碰到过。因为灯笼既为别人照了亮，他们也不会因为看不见而撞到我了。”

禅师顿悟，感叹道：“辛苦奔波就是为了找佛，其实佛就在的身边啊！”

这个故事告诉我们：点灯照亮别人的同时，更照亮了自己。这就是助人为乐的道理。在生活中，我们应该时刻记得：帮助别人也就等于帮助自己。

利人利己是实现双赢的桥梁。在当今知识经济和人格经济时代，我们正逐步走向理性，正在以理性来审视自己和社会，正在从传统的“你赢——我输、你输——我赢、你输——我输”的竞争步入“你赢——我赢”的战略联盟；正在从对抗到合作，从无序到有序，从短暂的生存到与发展的需要，坚持利人利己，互惠互利，求同存异，甚至搁置争议，共同开发。

这已形成历史的潮流，势不可挡，无论是个人、政界、外交界、商界、企业界，还是其他各界，无论你从事什么职业、什么工作，无论是否意识到社会发展的这种趋势，利人利己，实现双赢都是一种必然选择，都是竞争的最终归宿。如果你还没有看清楚这种趋势，如果还没有及时地调整你的心态，那么等待你的只能是失败。

要实现利人利己实现双赢，一个前提就是先要调整自己的心态，改变自己的心智模式。所谓心智模式是一种根植我们心灵深处的东西，是指一个人或一个组织对别人、对组织、对世界的看法、设想和共识。如果你过去的人生是成功的，那么你就保持它，并在已有的基础上重新开始，接受利人利己准则，它会帮助你做得更好，并且对你来说双赢具有重要作用；如果你的人生还不够充实或有所失败，那么坚决忘掉它，一切重新开始，并运用利人利己的准则重新审视自己。只要你深刻地领会利人利己观念，就可逐步实现人际关系的成功，带你到达成功的彼岸。

圆满人生不仅限于个人的独立，还须追求人际关系的成功，维系人与人之间的情谊，最重要的不是技巧，而是诚信。利人利己原则是由依赖到独立到互赖，从个人的成功到人际关系的成功直至均衡发展的关键环节，是由内而外全面造就自己，是迈向成功的桥梁！

2. 说到，就必须做到

在人际交往中，一般人都喜欢与诚实、爽直、表里如一的人打交道。因此，在人际交往中应切记诚实守信的原则。马克思就曾说过：“友谊需要忠诚去播种，热情去灌溉，原则去培养，谅解去护理。”墨子说：“言必信，行必果。”孔子说：“与朋友交，言而有信。”信用是处理人际关系的必守信条，敌对双方谈判要守信用，做生意双方成交要守信用，上、下级讲话要讲信用，甚至连父亲对刚懂事的儿子讲话也要讲信用。中国历史上有个著名的故事，曾子的儿子吵闹不休，曾妻就骗他说：“等你父亲回来，杀猪给你吃。”曾子回家听到妻子告诉他这件事后，果然持刀把猪杀了。显然，曾子是在培养儿子的信用意识。

信用的心理作用是给对方以安全感，人际关系是以互相吸引为前提，而这种吸引很重要的一点是双方必须在交往中达到心理上的安全感。因此，约定的聚会，要按时出席；承诺的任务，要力争完成；朋友托办的事，答应了，就要办到；借别人的款项、物品，要如期归还。这些不是无关紧要的小节，而是影响到个人信誉和人际关系的大问题，切不可掉以轻心。

“诚信”是儒家一贯提倡并力求践履的道德原则和行为规范，儒家诚信思想作为中华民族的传统伦理道德的一个重要范畴，具有十分丰富的内涵。它的存在和演变不仅对古代中国传统伦理道德的传承起到过非常巨大的影响，对于中华民族诚信不欺、讲求信用的文化传统的形成，对于理想人格的培养，都产生了极为重要的影响。儒家诚信思想在现代社会，特别是市场经济条件下对于社会的正常发展和繁荣是必不可少的，对现代的企业经营管理也有十分重要的理论价值和借鉴意义。

到了现代，诚信的含义已经演化成为诚实守信、遵守诺言和真实负责。它的存在和演变不仅对古代中国传统伦理道德的传承起到过非常巨大的影响，对于中华民族诚信不欺、讲求信用的文化传统的形成，对于理想人格的培养，都产生了极为重要的影响，在社会的诸多领域发挥过重要作用，而且在现代社会，特别是对于市场经济条件下社会的正常发展和繁荣也是必不可少的。

随着经济的高速发展，人们的道德观随着时代发展也在改变。人情更淡薄、人性更自私、只注重实利的今天，人与人之间往往很难相处，更难以合作，彼此间缺乏安全感。所以，在选择朋友与做人时能够胸襟坦荡，虚怀若谷，就可以使人与人之间以诚相待，互相信赖，博取他人对你的支持和真诚相助，事业就成功有望。

要有心理上的安全感。如果一个人做事与讲话，每次都要打折扣，给人时信时疑、时明时暗，没有安全感的人绝不能跟从。俗话说："相友可知人"，要了解一个人，不一定非得观察这个人，只要看看他（她）所结交的朋友就清楚了，就可知他（她）的为人，朋友的好坏，是可以互相影响的。

如果有贵人愿意帮助你，在与他交往时，多作一些了解，以求达到心理上有安全感。如是一个打折扣者，那他认识的人越多，人们越容易知道他的行为，他的贵人会越来越少。反之，他身边的贵人就会越来越多。一个人在世上多几个好朋友，相互帮助和交流，生活与事业才会有一个让人羡慕的好局面。

以上所述都不是无关紧要的小节，必然会影响到个人信誉和人际关系。"海不择细流，故能成其大；山不拒细壤，方能就其高"，记住：点滴细节，决定你的成败。

不久以前，有一位布料商店的经理对人说，我们店里目前正忙于将整匹的布料剪为零段，真是忙碌不堪。他说，只要在广告上加大宣传，购买碎段的布料比按匹算的布料是如何的便宜、如何的合算，人们见广告登载的便宜，肯定会信以为真，争相来购买。但是试问，一旦顾客发现我们的欺骗行为以后，还有人愿意光顾这种欺人的商店吗？

许多人把说谎、欺骗视为一种手段，他们相信说谎、欺骗会给自己带来好处。好多信誉很好的商店，也往往掩饰自己货物的弱点，用动人的广告来哄骗消费者。有很多人认为，在商场上，欺骗如同资本一样，是十分必要的。他们认为，在商业上处处讲实话几乎是不可能的。

现代新闻学上也有一个很不好的现象，就是新闻界常有偏离事实、渲染事实、牵强事实、颠倒事实的倾向。其实，一种报纸的声誉和一个人的声誉是一样的。如果一种报纸老是故意欺骗人，不久便会获得一个说谎者的名声。而只有那些立足于事实、诚实不欺的报纸，才是新闻界的中流砥柱，他们最终的销量要比那些经常欺骗读者的报纸多出数百倍。

所以，由于一贯讲真话而获得的声誉，要比暂时由欺骗所获得的好处，价值高千百倍!

商业社会中，最大的危险就是不诚实与欺骗。往往在经济萧条时，人们更喜欢利用投机取巧的方法，欺骗顾客，不讲真话或是把当说的真话秘而不宣。但他们没有考虑到，这样的做法暂时来说在金钱上虽是赚了一些，可是商人的人格和信用就此损坏。他们的钱袋里固然增加了一些钱，他们的人格和信用已丧失殆尽。

实际上，现在也有许多曾经说谎的人或是骗人的机构，认识到用欺骗方法来对付他人，最终是得不偿失的，他们最终明白，诚实是最好的策略。

在美国国内的众多商行中，很少有长达450年历史的。美国的大多数商店，都如昙花一现，这些商店在开业时通过大肆欺骗的方式吸引了许多顾客的注意，固然繁荣一时，但是因为他们的繁荣是建立在不诚实和欺骗的基础上的，不久后这些商店便关门大吉了。他们只知道从欺骗顾客中获得了好处，不知道到了后来，他们的欺骗手段终于为顾客所发觉。于是许多商店营业日趋清淡，业务逐渐收缩，结果竟致歇业破产。

诚实的信誉是世界上最好的广告，仅仅因为诚实信用的名誉，美国好几家大商行大公司的名字和品牌就价值数百万美元。

与一个欺骗他人、没有信用的人相比，一个诚实而有信用的人其力量要大得多。一个把自己的言行建立在诚实基础上的人，外表看来也享有荣誉，他本人也有自信，而且对自己的行动更有把握，而在欺骗者的外表上，仿佛贴着一种鄙夫的标记。

如果一个人的声誉损坏了，还有什么方法能够弥补呢？这几乎是不可能的。试问一个人如果连他自己的品格都不要了，人生还有什么价值呢？人如果违反了人类善良的天性，那就不要说贪图名利了，就是其他一切的丑陋行为，他都会干得出来。

以诚交友和朋友相处，彼此要讲究知心，讲究坦诚，讲究肝胆相照。双方以真实的言语、真实的感情交往，摒除利害关系，拥有手足般的义气情谊，能相知相惜，相互关爱，彼此扶助，就是真正的朋友了。如战国时的隐士田光，为助燕太子丹刺秦王，举荐荆轲，更为守秘而刎颈，田光之忠诚，可谓肝胆相照。

3. 红花亦需绿叶衬

集思广益的合作威力无比。许多自然现象告诉我们：全体大于部分的总和。不同植物生长在一起，根部会相互缠绕，土质因此改善，植物比单独生长时更为茂盛。两块砖头所能承受的力量大于个别承受力的总和。这一原理也同样适用于人类，但并非万无一失。只有敞开胸怀，以接纳的心态尊重差异，才能众志成城。

中国的伦理使所有中国人，结成一张庞大的互依互赖网。孔子的“连带责任主义”，更使得我们彼此之间，息息相关，互相依存。互依互赖的正确意义，是互助而非倚赖。例如有甲、乙两人，如果“甲的义务，即系乙的权利；同时乙的义务，亦即甲的权利”，互相消而又互相益，便是互助。推而至于分工合作，成为更复杂的互助。

中国象棋的16个成员最能体现互赖的精神。虽然他们各自可以独立作战，不必也不能依赖他人。但是他们之间，却是互助合作的。车固然可以保护马，马也可以“看”住车，不让它平白遭受对方的攻击。士、象当然是将的心腹，随时要保驾护航。然而紧急时期，当士或象在将的行宫里受到袭击时，将也可以给予适当的维系，甚至奋勇地挫败来犯的敌人。卒的威力较小，而在适当的场合，照样可以攻死对方的帅，或者保护自己的车、马、炮，依然有其发挥互助能力的时刻。

“红花亦需绿叶来陪衬”。任何事业都不是个人独力能够完成的，有赖于同仁的互助合作，因此，我们要树立“合则彼此有利，分则大家倒霉”的意识。共同努力，一起来担负责任，才能共策共力，达到真正互依互赖的境界。

牧师请教上帝：地狱和天堂有什么不同？

上帝带着牧师来到一间房子里。一群人围着一锅肉汤，他们手里都拿着一把长长的汤勺，因为手柄太长，谁也无法把肉汤送到自己嘴里。每个人的脸上都充满绝望和悲苦。上帝说，这里就是地狱。

上帝又带着牧师来到另一间房子里。这里的摆设与刚才那间没有什么两样，唯一不同的是，这里的人们都把汤舀给坐在对面的人喝。他们都吃得很香、很满足。上帝说，这里就是天堂。

同样的待遇和条件，为什么地狱里的人痛苦，而天堂里的人快乐？原因很简单：地狱里的人只想着喂自己，而天堂里的人却想着喂别人。

在一个团队里，如果成员没有团队意识，各行其是，那么，团队的目标将永远无法实现。创建和谐电力企业，必须增强团队意识。只有大家密切配合，团结协作，才能使企业焕发出生机和活力。

三只老鼠同去一个很深的油缸偷油喝，够不到油喝的它们想了一个办法，就是一只老鼠咬着另一只老鼠的尾巴，吊下缸底去喝油，大家轮流喝，有福同享。

第一只老鼠最先吊下去喝油，它想：“油就这么多，大家轮流喝一点儿也不过瘾，今天算运气好，干脆自己跳下去喝个饱。”夹在中间的老鼠想：“下面的油没多少，万一让第一只老鼠喝光了，那怎么办？看来还是把它放了，自己跳下去喝个痛快！”第三只老鼠也暗自嘀咕：“油那么少，等它们两个吃饱喝足，哪里还有我的份儿？倒不如趁这个时候把它们放了，自己跳到缸底饱喝一顿。”

于是，第二只老鼠狠心地放开第一只老鼠的尾巴，第三只老鼠也迅速放开第三只老鼠的尾巴，它们争先恐后地跳到缸里去了。最后，三只老鼠都淹死在油缸里。团队成员之间只有真诚合作，才能顺利实现团队目标。我们每一位员工都应忠诚负责地对待自己的工作，不能因个人私利而置企业和他人利益于不顾。这样，才能形成凝聚力，增强战斗力，最大化地挖掘企业发展的潜力。

比尔·盖茨认为，最喜欢合作的人应该有以下几个特点：

不甘心。21 世纪，最大的危机是没有危机感，最大的陷阱是满足。人要学会用望远镜看世界，而不是用近视眼看世界。顺境时要想着为自己找个退路，逆境时要懂为自己找出路。

学习力强。学历代表过去，学习力掌握将来。懂得从任何的细节，所有人的身上学习和感悟，并且要懂得举一反三。学习，其实是学与习两个字。学一次，做一百次，才能真正掌握。学、做、教是一个完整的过程，只有达到教的程度，才算真正吃透。而且在更多时候，学习是一种态度。只有谦卑的人，才能真正学到东西。大海之所以成为大海，是因为它比所有的河流都低。

行动力强。只有行动才会有结果。行动不一样，结果才不一样。知道不去做，等于不知道，做了没有结果，等于没有做。不犯错误，一定会错，因为不犯错误的人一定没有尝试。错了不要紧，一定要善于总结，然后再做，一直到正确的结果出来为止。

要懂付出。要想杰出一定得先付出。斤斤计较的人，一生只得两斤。没有点奉献精神，是不可能创业的。要先用行动让别人知道，你有超过所得的价值，别人才会开更高的价。

有强烈的沟通意识。沟通无极限，这更是一种态度，而非一种技巧。一个好的团队当然要有共同的愿景，非一日可以得来。需要无时不刻的沟通，从目标到细节，甚至到家庭等，都在沟通的内容之列。

诚恳大方。每人都有不同的立场，不可能要求利益都一致。关键是大家都要开诚布公地谈清楚，不要委曲求全。相信诚信才是合作的最好基石。

4. 学会和朋友分享生活，分享财富，分享痛苦和快乐

分享是建立人脉网最好的方式，你分享的越多，得到的就越多。世界上有两种东西是越分享越多的：一是智慧、知识；二是人脉、关系。正如萧伯纳所说：我有一个苹果，你有一个苹果，交换一下每人还是一个苹果；我有一个思想，你有一个思想，交换一下每人至少有两个以上的思想。同理，你有一个关系，我有一个关系，如果各自独享则每人仍是一个关系，如果拿来分享、交流之后则每人拥有两个关系。

我们来看一看李嘉诚的生意经：假如一笔生意你卖 10 元是天经地义的，而只卖 9 元，让他人多赚 1 元。表面上看是少赚了 1 元或者亏了 1 元，但是，从此之后，这个人还和你做生意，交易越来越大，而且又介绍他的朋友与你做生意，朋友又介绍朋友来与你做生意。所以，生意越来越多，越来越大，你的朋友圈子也越来越广。

你分享的东西是对别人有用有帮助的，别人会感谢你。你愿意与别人分享，有一种愿意付出的心态，别人会觉得你是一个正直的人，愿意与你做朋友，愿意与你打交道。

新东方教育科技集团董事长兼总裁俞敏洪的“糖纸理论”有这样一个典故。小的时候，家里很穷，有一次俞敏洪得到 2 颗水果糖，可是这时来了 2 个小伙伴，于是，他把糖剥开给了他们 2 个，自己舔糖纸。

这种分享的思想来由是基于俞敏洪小时候身体比较弱，怕被别的小朋友欺负，所以他通过这种“讨好”的方式结交到很多朋友。长大后，俞敏洪更是意识到了朋友的重要性、“合作”的重要性。他曾和学员们分享这方面的心得：如果你是在团体里工作，你就必须遵守在一个团体里做人的道理。因为人是群体性的动物，所以必须学会在人群中生活。不管你的个

性多么古怪，只要你选择了在办公室上班，在一群人中间工作，你人际关系的好坏就决定了你在一个地方的地位和威望。我们在生活中会有各种各样的风风雨雨，我们除了需要家庭，有时候也需要朋友在前进的道路上互相搀扶。

俞敏洪还有一个“分苹果理论”，强调的也是这种“分享”思想。

你有6个苹果，你留下1个，把另外5个给别人吃。当你给别人吃的时候，你并不知道别人能还给你什么。因为别人吃了你的那个苹果以后，当他有了橘子，一定会给你一个，因为他记得你曾经给过他一个苹果。最后，你得到的水果总量可能不会增加，还是6个水果，但是你生命的丰富性成倍增加了。你看到了6种不同颜色的水果，尝到了6种不同的味道，更重要的是你学会了在6个人之间进行人与人最重要的精神、思想、物质的交换。这种交换能力一旦确立，你在这个世界上就会不断地得到别人的帮助。

徐小平、王强等人回国之初，创业资金紧张，俞敏洪慷慨解囊，予以资助，并没有要求什么回报。而徐小平等人感动于俞敏洪的“无私”，在发展自己的业务的同时，也自觉提升“新东方”的品牌力。譬如，徐小平就义务担任了新东方的出国移民咨询，这是一项新东方提供给学员的免费咨询服务，有效地提高了新东方的整体竞争力。

“糖纸理论”的激励效果十分明显，新东方进入了它的第二个发展阶段，实现了快速扩张。现在的新东方还建立了相对完备的出国考试培训、基础外语培训、出国留学服务教学体系，并迅速扩张到全国多座大城市，真正称霸于国内英语培训市场。日后虽然相继出现了戴尔国际英语、华尔街英语等强劲对手，但是新东方的品牌形象已经深入人心，其领头羊的地位难以动摇，这一结果是当初单打独斗的俞敏洪所不敢想象的，却又是水到渠成的。

俞敏洪认为：当办公室里所有的人都认为你很难对付，或者举止古怪，或者动不动就发脾气，或者有一点小权力就刁难别人，并且在很多事情上不配合别人的时候；当你在办公室不把自己当做所有人的朋友看，而是把自己当做所有人的领导看的时候，你的人际关系就会把你陷入绝境。

当人际关系被毁掉的时候，你的地位和快乐同时也会被毁掉。在一群人中间不受欢迎的人一定是在一个地方待不长的人。

在新东方，被辞退的人大部分都是因为人际关系搞不好，而不是因为他们工作不认真。其中有的人工作极其认真，但是把所有的人都得罪了，结果弄得他把所有的精力都用在了解决自己造成的人际纠纷上。并不是说让你为了不得罪人就做老好人，而是要学会在坚持原则的前提下和别人和睦相处，并且学会和别人分享自己的情感和思想。

俞敏洪发现新东方的有些管理者实际上在做老好人，不管员工做好还是做坏，都不加干涉。他是想维护好自己的位置，自己的权利。但是作为管理者，如果不能赏罚分明的话，就会使所有的人都没有干劲。如果你不把那些捣乱的人开除的话，你自己就会变得没有任何威望，因为群众的眼睛是雪亮的。一个领导者失去威望的时候，就是自己下去的时候。因此，人际关系的好坏既是员工的事情，也是领导的事情。

除了与工作伙伴和睦相处，朋友也很重要。如果你想要交朋友，一定要记住一个前提条件——你要学会和朋友去分享生活，分享你的物质财富，分享你的痛苦和快乐。

生命的丰富是因为你的分享而成倍地增长的。当你把自己的痛苦和幸福吐露给朋友的时候，你的心灵就得到了平静，你就变成一个更加亲切可爱的人。当你把痛苦压在心里，就像一座还没有爆发的活火山一样，早晚有一天会爆发，一旦爆发，力量就是毁灭性的，它可能会把你自己摧毁，也可能把别人摧毁。

1980 年，美国的圣海伦斯火山的爆发就是一个例子。圣海伦斯火山 100 多年没有爆发，人们认为它不会爆发。结果一夜之间爆发了，把周围几十英里的土地全部摧毁得一干二净，几个人一起才能抱拢的大树在一秒钟之内全部被烧毁。但是当你到了夏威夷以后，却敢站在火山口看岩浆源源不断地流出来，因为你知道有岩浆源源不断地流出来，它就不可能爆发。同理，当你心中有压抑和痛苦的时候，你需要朋友、同事、领导和你一起分享。当你和别人分享的时候，你就会发现你的心灵是平静的，而人们心灵的平静是一切幸福和快乐的根本保证。

5. 世间总有公道，付出总有回报

坚持不放弃的人，才能有更多正面思考的时间，更坚定屡败屡战的信念，从而赢得更多成功的机遇。在经营和开发人脉资源的过程中，很多人缺乏坚持的韧性，主要表现：一是“三天打鱼，两天晒网”，一曝十寒；二是遭到拒绝之后，没有勇气坚持下来，结果错失“贵人”相助的良机。

“骐骥一跃，不能十步；驽马十驾，功在不舍”。坚持就是胜利，你如果只坚持了三天，五天，一个月，两个月，当然是无法做到“水滴石穿，绳锯木断”而到达胜利的彼岸。一条蚯蚓，遁地三尺，穿越黑暗，缘于它锲而不舍的挖掘；一只大鹏，俯瞰五岳，睥睨江河，缘于它始终不渝的飞翔。一条山路，尽管崎岖而险恶，但坚持不懈的人终会直抵高山之巅；一条大道，尽管平坦而宽阔，但瞻前顾后的人也会半途折戟沉沙……

坚持，可以让我们在困惑时柳暗花明；坚持，可以让我们在人脉资源中游刃有余；坚持，可以让我们在贵人助力的竞争中脱颖而出。正是由于夸父坚持不懈地追日，才拥有了现时的光明！“古之立大事者，不唯有超上之才，亦必有坚韧不拔之志。”这正是胜利者对成功经验的高度概括，因为他们深知：对前途失去信心的人，永远也享受不到成功的喜悦，唯有不断奋斗，坚持到底，辛勤耕耘人脉的沃土，才能构建广袤的人脉网络，最终达到“四海翻腾云水怒，五洲震荡风雷激”的人脉境界，实现“振臂一挥，应者云集”的大成人生。

古往今来之成大事业者，必经过三种境界。“昨夜西风凋碧树。独上高楼，望尽天涯路”乃第一境。“衣带渐宽终不悔，为伊消得人憔悴”此第二境也。“众里寻他千百度，蓦然回首，那人却在灯火阑珊处”为第三境界。千百劳作，终有所成，这是何等的喜出望外，但又恰恰属于情理之中。

百度总裁李彦宏谈到自己的成功经验时就说："我心理上比较稳定，越是大的场合发挥就越好。我是一个非常专注的人，一旦认定方向就不会改变，直到把它做好。"从大三开始，李彦宏心无旁骛，买来托福、GRE等书狂啃，过着"教室——图书馆——宿舍"三点一线的生活，目标是留学美国，方向锁定在计算机专业。

"出国不是一帆风顺。因为换专业，刚到美国学计算机，很多功课一开始都跟不上。有时和教授面谈时，由于较心急，谈一些自己不是很了解的领域，结果那些教授就觉得不行。"

1991年，李彦宏再一次挤过了独木桥，收到美国布法罗纽约州立大学计算机系的录取通知书。当时正值圣诞节，23岁的李彦宏背着行囊，穿云破雾，踏上了人生的第二次征程。

美国布法罗纽约州立大学一年有6个月飘着雪。在这里，他忍受过夜晚彻骨的寒冷。白天上课，晚上补习英语，编写程序，经常忙碌到凌晨两点。在这里，他经历过中国留学生初来乍到的所有困苦。"现在回想起来，觉得当时挺苦的，但年轻就应该吃苦。"李彦宏评价这段经历。

"世间总有公道，付出总有回报"。李彦宏骨子里有着勤奋、坚韧、执着的精神，这使得他的专业技能得到飞速进步。在学校待了一年后，李彦宏顺利进入日本松下实习。"这三个多月的实习，对后来职业道路的选择起了至关重要的作用。"李彦宏说。

"硅谷给予我最大的感触是，希望通过技术改变世界，改变生活。"

1994年暑假前，李彦宏收到华尔街一家道琼斯子公司的聘书。"在实习结束后，我的研究成果得到这一领域最权威人物的赏识，相关论文发表在该行业最权威的刊物上，这对我以后的博士论文也很有帮助。"李彦宏说，"但那时候，中国留学生中有一股风气，就是读博士的学生一旦找到工作就放弃学业。起先，认为自己不会这样。但这家公司老板也是个技术专家，他对我的研究非常赏识。两人大有相见恨晚的感觉。士为知己者死，于是决心离开学校，接受这家公司高级顾问的职位。"坚持为他带来了机遇，带来了人脉关系。

在市场经济的大潮中，有种种挣扎追求的创业者。因为所有有梦想有追求的创业者都在寻找机遇，寻找突破的那一点。也许就是李彦宏携百度上市的那一霎，马云从做教师到带领阿里巴巴走向市场前沿的那一刻，史玉柱从巨人大厦一夜倒塌到今天的脑白金红遍全国的那一下。

不记得哪位名家曾说过，创业者永远不知道下一步怎么走。因为下一步不知道自己会成为什么样的人，成就怎样的事。一旦事情明朗，看到希望，一切自然明了。创业之路难走，难在它是条心路。但是每个创业者都有同样的追求就是：寻找机会、等待贵人、坚持。

李嘉诚曾说："每一次新的商机的到来，都会造就一批富翁。每一批富翁的造就，在于当别人不明白他的时候，他明白自己在做什么。当别人不理解他的时候，他理解自己在做什么。当别人明白了，他富有了。当别人理解了，他成功了。"

6. 患难见真情

心与脉管相连，脉管为血液循行的隧道。《素问·平人气象论》说："心藏血脉之气"。藏之于心的这种"气"，就是推动血液循行的动力。现代医学亦认为心脏是血液循行的动力器官，在机体的整个生命活动期间，心脏都在不停地跳动，不断地将静脉流入心脏的血液以一定的压力射入动脉血管中，推动血液循环，这与中医学的"心主血脉"、"诸血皆归入心"的认识有一致之处，同样深刻地说明了心脏在血液循环中的动力作用。

心与脉管相通，心气推动血掖在脉管中循行，所以心气的强弱可以从脉象上反映出来。例如，心血充盈，心气旺盛、则血脉运行畅通，其脉象和缓有力、节律均匀正常。反之，心气虚弱，推动无力，则血脉运行不畅。"心主身之血脉。"血有营养周身的作用，脉为血液运行的隧道，但受心所统率，在心气推动下发挥作用。

上述所说的是在人的生理血脉系统运行中，心的主导和推动作用。同样道理，在人脉资源的经营中，我们只有以心换心，用诚心、真心、爱心才能换来心心相印的人脉脉动效果。

常言道："近朱者赤，近墨者黑"，可见朋友对我们的影响之大，所以必须了解什么是益友，什么是损友。真正的好朋友是能互相规劝、砥砺的。"在家靠父母，出外靠朋友"，除了亲人，朋友是我们人生道路上不可缺少的一环人际关系，而且许多事情是靠朋友知交才能处理的。那么，"交友之道"有哪些？如何才能得到真正值得交往的朋友呢？

交友，有益者三友：友直，友谅，友多闻。损者三友：友便辟，友善柔，友便佞。

友直：直，指的是正直。这种朋友为人真诚、坦荡、刚正不阿，有一种朗朗人格，没有一丝谄媚之色。他的人格可以影响你的人格。他可以在你怯懦的时候给你勇气，也可以在你犹豫不前的时候给你果决。

友谅：友谅《说文解字》说，"谅，信也。"信，就是诚实。这种朋友为人诚恳，不作伪。与这样的朋友交往，我们内心是妥帖的，安稳的，我们的精神能得到一种净化和升华。

友多闻：这种朋友见闻广博，用今天的话说就是知识面宽。

在孔子生活的先秦时代，不像我们今天有电脑，有网络，有这么发达的资讯，有各种形式的媒体。那个时候的人要想广视听怎么办呢？最简单的一个办法就是结交一个广见博闻的好朋友，让他所读的书，让那些间接经验转化成你的直接经验。

当你在一些问题上感到犹豫彷徨，难以决断时，不妨到朋友那里，也许他广博的见闻可以帮助你作出选择。

结交一个多闻的朋友，就像拥有了一本厚厚的百科辞典，我们总能从他的经验里面，得到对自己有益的借鉴。

《论语》中的益者三友，就是正直的朋友，诚实的朋友，广见博识的朋友。

"损者三友"，那又是些什么样的人呢？

孔夫子说，这三种坏朋友，叫做友便辟，友善柔，友便佞，这三者“损矣”千万不能交。

友便辟：这种朋友指的是专门喜欢谄媚逢迎，溜须拍马的人。

我们在生活中经常会碰到这样的人，你的什么话，他都会说“太精彩了”；你做的任何事情，他都会说“太棒了”。他从来不会对你说个“不”字，反而会顺着你的思路、接着你的话茬，称赞你，夸奖你。

这种人特别会察言观色，见风使舵，细心体会你的心情，以免违逆了你的心意。

“友便辟”和“友直”正好相反，这种人毫无正直诚实之心，没有是非原则。他们的原则就是让你高兴，以便从中得利。

大家还记得电视剧《铁齿铜牙纪晓岚》里面的大奸臣和珅吗？他对乾隆皇帝百般逢迎，奴颜谄媚，几乎无所不用其极。这就是一个典型的“便辟”之人。

孔夫子说，和这种人交朋友，太有害啦！

为什么？因为和这种人交朋友，你会感到特别舒服，愉快，就像电视剧里乾隆皇帝一样，明知道和珅贪赃枉法，却还是离不开他。

但是，好话听多了，马屁拍得舒心了，头脑就该发昏了，就会恶性膨胀，盲目自大，目中无人，失去了基本的自省能力，那离招致灾难也就不远了。

这种朋友，就是心灵的慢性毒药。

友善柔：这种人是典型的“两面派”。

他们当着你的面，永远是和颜悦色，满面春风，恭维你，奉承你，就是孔子说的“巧言令色”。但是，在背后呢，会传播谣言，恶意诽谤。

我们经常会听到这样的控诉：这个朋友长得那么和善，言语那么温和，行为那么体贴，把他当做最亲密的朋友，真心地帮助他，还和他掏心窝子，诉说自己内心的秘密。可是，他却背地里利用你对他的信任，谋取自己的私利；还散布你的谣言，传扬你的隐私，败坏你的人格。当你当面质问他的时候，他又会矢口否认，装出一副老好人受委屈的样子。

这种人虚假伪善，与“谅”所指的诚信坦荡正好相反。

他们是真正的小人，是那种心理阴暗的人。

但是，这种人往往会装扮出一副善良面孔。由于他内心有所企图，所以对人的热情，比那些没有企图的人可能要多好几十倍。所以，你要是一不小心被这种人利用的话，你就给自己套上了枷锁。如果你不付出惨痛的代价，这个朋友是绝不会放过你的。这是在考验我们自己的眼光，考验我们知人论世的能力。

友便佞：便佞，指的就是言过其实、夸夸其谈的人，就是老百姓说的“光会耍嘴皮子”的人。

这种人生就一副伶牙俐齿，没有他不知道的事，没有他不懂得的道理，说起话来，滔滔不绝，气势逼人，不由得人不相信。可实际上呢，除了一张好嘴，别的什么也没有。

这种人又和上面讲的“多闻”有鲜明的区别，就是没有真才实学。便佞之人就是巧舌如簧却腹内空空的人。

孔夫子从来就非常反感花言巧语的人。君子应该少说话，多做事。他最看重的，不是一个人说了什么，而是一个人做了什么。

当然，在现代社会，人们的价值观有了一定的变化，有真才实学的人，如果口才太过于笨拙，不善于表达自己，也会给自己的职业和人生带来一些障碍。

但是，如果只会说，没有真功夫，那种危害比前者要可怕得多。

仁，爱人，真正爱他人。智慧，智，知人，了解他人。

真正交朋友，既要有能力又要有意愿，意愿是我们有仁，能力是我们有智。生活中真正快乐的力量来自心灵。

交友有三个原则：待于君子有三，言未及之而言谓之躁（不要抢说话），言及之而不言谓之隐（不要有话不说），未见颜色而言谓之瞽（没眼色，不要闭眼说话），过犹不及。

我们都希望人生过得更有效率，对朋友，应更多地关怀。忠告而善道之，不可则止，勿自辱也。

好朋友从不做过分的事，而是用一颗快乐的心让我们做坦荡快乐的人。

选择一个什么样的朋友，就是选择了一种什么样的生活方式。

首先须问自己想交什么样的朋友。如果希望交到真心的朋友，就要拿出自己的真心，以道德、以义气、以慈悲来交往；如此得来的朋友，在最紧要关头时，大都能同甘共苦。所谓“患难见真情”，在最困顿的时候，还能不变初衷地贤助扶持，才是真正的朋友。

见识广博或具有专业知识的人，会受到朋友的欢迎。同样的，要结交有内涵的朋友，也要先充实自己的内涵；懂得随时吸取新知的人，智能容易开启，也会吸引许多见多识广的人到身边来。刘禹锡之交往即是“谈笑有鸿儒，往来无白丁，可以调素琴，阅金经。”

“道风德香传千里”，有道德的人、有修养的人，无人不欣喜，不论远近，大家都会争相来亲近。和他交往的人，也都会依他自勉，而得到提升，此即所谓“与善友交，如入芝兰之室，久而不闻其香，即与之化矣”。

[第四章]

RENMAIDEGUIJI

角色——用诡计获取成功的门票

斯坦福研究中心曾经发表一份调查报告指出，一个人赚的钱，12.5%来自知识，87.5%来自关系；有人总结说：对于个人，20岁到30岁时，一个人靠专业、体力赚钱；30岁到40岁时，则靠朋友、关系赚钱；40岁到50岁时，靠钱赚钱。由此可知人脉竞争力是如何在一个人的成就里扮演着重要的角色。那么，在现实的生活中究竟哪里有人脉资源呢？

1. 在家靠父母，出门靠朋友

如何以极自然的、有创意的、互利的方式去经营人脉，是胜负关键。

斯坦福研究中心曾经发表一份调查报告指出，一个人赚的钱，12.5%来自知识，87.5%来自关系；有人总结说：对于个人，20岁到30岁时，一个人靠专业、体力赚钱；30岁到40岁时，则靠朋友、关系赚钱；40岁到50岁时，靠钱赚钱。由此可知人脉竞争力是如何在一个人的成就里扮演着重要的角色。那么，在现实的生活中究竟有哪些人脉资源呢？人脉资源根据其形成的过程可以分为：血缘人脉、地缘人脉、学缘人脉、事缘人脉、客缘人脉、随缘人脉等。

血缘人脉：由家族、宗族、种族形成的血缘人脉关系。如：家庭、儿女、配偶、父母血缘、亲情、族亲等圈子。

地缘人脉：因居住地域形成的人脉关系，最典型的就是“两眼泪汪汪”的老乡关系。

学缘人脉：因共同学习而产生的人脉关系。学缘人脉不仅局限于时间较长的小学、中学、大学的同学关系，随着人们现代交际意识的提高，各种各样的短期培训班甚至会议中，蕴涵着十分丰富的人脉关系资源。

事缘人脉：因共同工作或处理事务而产生的人脉关系。事缘人脉不仅仅局限于工作中的同事、上司、下属，一段短暂的共事经历也能形成良好的人脉关系。

客缘人脉：因工作中与各类客户打交道而形成的人脉关系。比如厂家、供应商、零售商、加盟商、合作商、消费者等，在进行商务交易和往来的过程中，其实是互为顾客关系。

随缘人脉：“有缘千里来相会”，人是有缘分的。一次短暂的聚会，一次偶然的邂逅，都是上天给我们安排的随缘机会，只要我们抢抓机遇，缘分就会降临，你的人生或事业也可能从此就会与众不同。

按行业分类：人脉资源根据所在行业部门的不同，经理人的人脉资源可以分为政府人脉资源、金融人脉资源、行业人脉资源、技术人脉资源、思想智慧人脉资源、媒体人脉资源等。

按重要程度分类：人脉资源根据重要程度的不同，可以分为核心层人脉资源、紧密层人脉资源、松散备用层人脉资源。

核心层人脉资源：指对职业和事业生涯能起到核心、关键、重要、决定作用的人脉资源。这些资源根据个人目前所处的职业位置、事业阶段以及未来的发展方向不同而不同。比如一个营销部门经理的核心人脉资源，可能是他的顶头上司、公司老板、关键同事和下属、对公司业务和自身业绩有重大影响的重要客户或其他可能影响职业与事业发展的重要人物等。

紧密层人脉资源：指在核心层人脉资源的基础上，适当地扩展，对一个营销经理而言，公司的董事会成员、其他领导、其他部门同事、一般下属、次重点客户、对自己有影响的老师、同学、朋友等。

松散备用层人脉资源：指根据自己的职业与事业生涯规划，在将来可能对自己有重大或一定影响的人脉资源。比如公司未来可能的接班人选、有发展潜力的同事、下属、客户、同学、朋友等。

人脉资源根据动态变化状态，还可以分为：现在时人脉资源和将来时人脉资源。

每个人都生活在圈子当中，无论在哪个时代，圈子对个人的成功都非常重要。在世袭社会，血缘关系的圈子将是决定力量，所以古语说“龙生龙，凤生凤”。而在开放社会，靠个人开拓的社交圈子作用则越来越重要，所谓“在家靠父母，出门靠朋友”。

一个人如果不走向开放，就算能够“很好”地维护人脉，也往往局限在血缘关系和身边接触范围的圈子之中。一个人的开放程度和社交能力的大小，往往决定一个人的圈子有多大，获得的资源有多少；而一个人自身的状况，则往往决定一个人进入社交圈子所能获得的单一资源价值有多大。

2002年，展讯公司研发的首颗芯片到了设计完成、准备制造样片进入产业化的关键阶段，但这时展讯的资金却发生了紧缺。

展讯的CEO武平后来回忆："在研发的关键时刻，我们创业团队几次遭遇过资金匮乏的难关。最严重的时候，我们部分高层管理者都作了变卖房产的最坏打算。当时，我们几个创始人和管理人员决定自停薪或减薪。"

但要确保研发计划的资金需求，仅仅管理团队全面降薪显然不够。武平正是从同学圈子中获得了帮助，据说他就是从清华校友那里先后融资了1000多万，最终渡过"青黄不接"的生死关头。

当然，人脉资源不仅仅带给我们各种人生的资源，同时也能够帮助我们成长。人总能从人与人的交往中获得各种锻炼，因此，我们要在开放时代走向人生成功，就必须通过打造属于自己的圈子，进而获得一个有用的人脉资源库。

你是不是在人生征途中经常感到自己势单力薄？是不是经常期望获得意外的支持？是不是意识到自己并不能解决一切问题？全美人际关系专家哈维麦凯甚至直白地问了这个问题："如果凌晨两点，你急需要70万元钱，你有多少个朋友会不问理由、二话不说、迅速到银行汇钱给你？"

那些开放型成功者，他们肯定都没有三头六臂，也同样经常需要别人的帮助，他们无论个人能力多么全面，都从来没有靠自己一个人解决一切问题过。但是，他们却解决了这些孤军奋战的苦恼，为什么？因为他们拥有广阔的人脉圈子，而且关键是，这些成功者的人脉圈子就算不是靠自己努力构建的，就算是从"父亲"那里继承过来的，他们本身也都有着高超的人脉维护和整合能力，而且他们还知道构建什么样的人脉圈子最能给自己带来帮助。

2. 重要的不在于你是谁生的，而在于你跟谁交朋友

美国佐治亚州立大学的史坦利教授在创作《行销致富》的过程中，曾针对2000位百万富翁做了一项研究。结果发现：大规模的人际关系网是这些百万富翁的共同特点。史坦利同时指出，这些百万富翁都有不寻常的能力，可以辨别所认识的人当中，哪些人具有特别的“价值”。他们并不只是搜集名片，更重要的是他们能辨认哪些人能够并且愿意帮助他们；他们知道该与哪些人交往，可收相互提携之效——譬如彼此交换信息，甚至合伙做生意等。

西班牙著名作家塞万提斯就曾这么说：“重要的不在于你是谁生的，而在于你跟谁交朋友。”

这些成功人士也都有着自己独特的构建人脉圈子的方法，不一而同。归纳起来，构建自己的人脉圈子不外乎以下几条途径：

每一个人的人脉圈子，首先从对身边亲人的挖掘和积累开始，然后再慢慢到老师、同学、朋友、老乡、同事，最后再突围到更大更高端的圈子。其中，因为熟悉和了解，来自身边的人脉圈子，往往也是最牢固可靠的圈子。亲戚、老乡、同学、战友、同事，都可能成为你事业发展中的“贵人”；譬如马云创建阿里巴巴，启动资金就来自于他的亲戚、学生、死党朋友，以及几个曾经跟他从杭州到北京，再从北京回杭州的老部下。

因此，我们需要跟自己的亲人、朋友、同学、老师处理好关系。易凯资本首席执行官王冉就这么认为：“不一定是同班同学，也不一定睡上下铺，但只要是一个学校毕业的，就会有一种亲近感。现在同学之中很多人已经在各自的行业里逐渐进入角色，这个同学网络就成了非常宝贵的资源。大家相互感染着，相互促进着，相互关注着。”

软银赛富基金首席合伙人阎焱之所以能赴美留学，就是因为他就读北大研究生时一个外籍老师——来自美国普林斯顿大学的访问学者 RogerMichiner。RogerMichiner 很欣赏阎焱，两人经常一起聊天，有一次他主动说："你应该去美国读书，我可以帮你写推荐信。"

阎焱通过托福考试，取得了美国普林斯顿大学录取通知书和四年全额奖学金后，RogerMichiner 又在生活上给予了阎焱帮助。1986 年 8 月，阎焱回忆说："到美国的第一天晚上，就住在 Michiner 教授家里，他的家也在普林斯顿。Michiner 教授待人非常好，在普林斯顿，他仍然是我的专业教授。毕业多年以后，他也离开了普林斯顿大学。我们的友谊一直到现在。"

我们还需要明白，你在一家公司工作最大的收获不只是你赚了多少钱，积累了多少经验；还包括你认识了多少人，结识了多少朋友，积累了多少人脉资源。因为这种人脉资源在你离开公司之后，还会继续发挥作用，成为你无形的资产和财富。

西方有一则著名的格言："重要的不在于你懂得什么，而在于你认识谁。"

令人遗憾的是，二八法则经常也适用于人脉资源积累。当你真正发生财务危机时，80% 的所谓朋友不但不会主动借钱给你，甚至还会不接电话，躲得远远的；大概还有 20% 的朋友，愿意给你正面的影响和帮助；但能改变你命运的朋友，不会超过 5%。

因此，我们没有必要对所有朋友一视同仁，不要把精力和信任放在酒肉朋友上，而应该抽取 80% 的时间用在最重要、最牢靠、对人生有影响和帮助的 20% 朋友上，努力认识关键或重要的人。

已故的管理大师德鲁克曾做过一个这样的比喻："清理你的人脉就像清理你的衣柜一样，将不合适的衣服清出衣柜，才能将更多的新衣服放入衣柜。"

只有不断地认识那些能够改变或帮助你的人，才能构建有用的人脉资源库。

3. 开放你自己，认识“陌生人”

2005年，搜房网总裁莫天全曾与Trader公司的董事长John Mcbain共进晚餐，两人一见如故。于是，John打算向搜房网投资2250万美元，以换取15%的股份。当时搜房网并不急缺资金，也不需要融资，因此，董事会的成员大多不同意John的入股。

然而，莫天全却坚持让John入股。他的理由是：John是全球最杰出的企业家之一，Trader是全球最大的分众广告传媒集团，“对于公司治理、长远发展和规划，这两者都能给予我们启发和帮助”。

后来，正是因为John的帮助和引荐（John曾把Trader公司在大洋洲的地产资讯业务，全部转让给了澳大利亚电讯），2006年8月31日，中国互联网终于迎来了本年度最大一笔投资，澳大利亚电讯以2.54亿澳元（约合20亿人民币）收购搜房网51%的股份，促成一次皆大欢喜的买卖。

认识关键和重要的人物，当然首先要开放你自己，从各种渠道入手，而不是仅仅局限于你所经常接触的圈子，除非你本身已经是个很高端的人物。比如学生可以争取以志愿者或义工的身份参与学校各种重要活动、成功人士讲座、校外的会展等；毕业生争取一流的大公司，通过职业交际结识更多杰出人士，有一定积蓄和工作经验者，就可以多多参与有顶尖人士的会议和论坛。

每一个人，都渴望获得额外的帮助，尤其是在用尽自己资源依然难以取得成功的情况下。但是，如果我们对于接触陌生人和外界社会怀着排斥而非开放的态度，又怎么可能有意外的收获呢？

当然，对认识“陌生人”保持开放心态或者说喜欢人际交往，并不是要轻易相信陌生人，或者到处滥交朋友。我们通常所说的“社交才能”应该包括这几个方面：

——性格外向，对外界反应敏感，善听弦外之音；

——能够包容和理解不同价值观的人；

——善于批评他人及能够接受批评；

——情绪稳定，有良好的自我判断和对外辨别能力。

如何把接触的圈子中人转化为人脉资源？如何将圈子的人脉资源转化为事业资源？这里，最关键的是维护好人际关系网络。

美国前总统西奥多·罗斯福曾说："成功的第一要素是懂得如何搞好人际关系。"

美国成功学大师卡耐基则说："专业知识在一个人成功中的作用只占15%，而其余的85%则取决于人际关系。"

IDG的全球副总裁熊晓鸽，原来是一个记者，他之所以能加盟IDG并走上后来丰富多彩的VC之路，就跟他善于人际交往以及善于保持人际关系有关。

4. 人脉是一个营销人通往财富、成功的门票

我们先来看一个实验——分别将乐观、人缘好的人和悲观、孤零零的人放在两个实验室里，然后用棉球将F流行性感冒的病毒抹在双方的鼻头上，追踪实验的结果。你们猜猜看，哪边的人群感染的多呢？结果出来后，令人大吃一惊——孤零零的人群感染的尤其多，多多少呢？4倍！很有意思的实验，不是吗？一个人如果人脉少、朋友少、悲观、孤零零——就连病菌都来欺负他！

为此，笔者还专门查了一下百度百科的说法，人脉的解释为"经由人际关系而形成的人际脉络"，经常用于政治或商业的领域，但其实不论做

什么行业，人人都会使用人脉。在旅游行业中做营销，人面广阔确实比较好办事，但就算你有1000张名片，也不代表都是可运用的“人脉资源”。

就拿旅游行业来讲，刚进社会的年轻人，猛地进入旅行社做业务——认识的人顶多就是同学或同事，需要帮忙时常会陷入“求助无门”的窘境；就算是有工作经验的营销人，若不善于建立、维系关系，也很难进一步扩大人脉圈。

这也许是一个极端，但是了解人脉经营的另一个极端，我们就要了解一个新名词——“脉客”！“脉客”特指一些善于使用人脉、经营人脉的群体（mankeep）。mankeep译为“人脉经营”，我们称之为“脉客”。在台湾证券投资界，杨耀宇就是个将人脉竞争力发挥到极致的脉客。他曾是统一投资顾问的副总，一年前退出职场，为朋友担任财务顾问，并担任五家电子公司的董事。根据推算，他的身价应该有近亿元（台币）之高。他凭什么从一名从台湾南部北上打拼的乡下小孩，能够快速积累财富？“有时候，一通电话抵得上十份研究报告。”杨耀宇说，“我的人脉网络遍及各个领域，上千、上万条，数也数不清。”

打破狭小的圈子限制，走向更大的人脉圈子，是人走向发展和成功的必经之路。我们在上文中谈过，形成自己丰富的人脉，还需要善于人际关系交往和人际关系处理维护。但是，许多人会有疑问：我们需要通过哪些途径来接触认识“关键和重要的人物”、有用的“陌生人”并维护关系呢？

社会开放之后，人成为了社会人，人生的圈子呈现多元化的趋势，但基本路径其实还只是以下几种：

一个人的社会交往活动无论如何丰富，但归纳起来无非是为了休闲或者事业。而对于为事业而社交的人来说，职业社交正是把握人脉最好的工作机会，比如接洽媒体、与各类客户打交道、参加各种行业聚会和品牌活动，等等。这些都能够为你提供与事业发展直接相关的资源。

现在担任美国中经合集团董事总经理、中国区首席代表的张颖，就是个因为善于“职业交际”而获得过帮助的开放型成功者。

1996年，张颖从旧金山大学毕业，进入UCSF/斯坦福医学院旧金山医学中心工作，他在工作中很注意结交朋友，同一实验小组的同事ReyBanatao 就和张颖成为了很好的朋友。张颖因此常到 Rey 家玩，也由此认识了 Rey 的父亲 DadoBanatao——一个菲律宾裔的亿万身家的美国投资家。

后来，张颖前去美国中经合集团应聘投资经理，恰好中经合的创始人刘宇环跟 DadoBanatao 是“多年的老朋友，认识十几年了。”于是，双方在面试中谈起了各自与 DadoBanatao 的交情，由此也产生了熟悉和信任感，并在这一共同话题的导引下谈得十分投机。2001 年 2 月，张颖也就地顺利加入了中经合集团成为投资经理。

通常，我们能从职业交往中获得客户、盟友或者合作伙伴，同时也不缺乏成为私人交际的可能。笔者有很多朋友就是因为工作交往而结识，进而成为长久的朋友；当然也有些合作伙伴，原来认识并且就是朋友。

现代社会，学习已经不仅仅是年轻人的事，终身学习已成为全社会的共识。善于利用学习、培训、进修、访问的机会，多交朋友，多结人缘，这也是提升自身价值，积累人脉的好办法。譬如很多白领把上 MBA 班，当成结识企业管理人士、提升社交圈的重要办法：既可以听专家讲授的知识，也可以通过 MBA 班扩展人脉，特别是时下流行的 EMBA 班，更是可以认识来自各行各业的同学，了解到很多有价值的信息，再加上学校历年毕业的师兄弟，这构成了一个巨大的人脉关系网。

完美时空公司已经在美国纳斯达克上市，是一家市值超过 10 亿美元的公司。公司的技术与业务骨干及所有董事均为清华校友，创始股东池宇峰更是清华人创业的骄傲，在教育软件和网游领域内成就辉煌。这是清华校友成功创业的典型，赛富亚洲投资基金合伙人羊东后来投资他们，据说部分原因就是因为这个共同的清华色彩。

同样，红杉中国基金创始合伙人张帆过去之所以能进入德丰杰工作，就是因为 1999 年在斯坦福大学读 MBA 时认识了德丰杰的创始人 Tim Darper。Tim Darper 早年也毕业于斯坦福的电子工程系，因此，当他把企业发展的目光投向中国时，自然也就想到了张帆。

如果我们想扩展家庭、学校和公司以外的人脉，就应该通过参加有活动和聚会也有吸引力的社团机构，或者参加各种开放的活动来开拓人际关系。我们都知道，平常主动亲近陌生人时容易遭受拒绝，但是参与社团或者活动时，人与人的交往在“自然”的情况下就比较顺利。这时，人与人的交往互动在自然的情况下发生，也有助于建立情感和信任。

圈子是人组成的，我们如果想在圈子中收获良多，就必须融入圈子的人心当中，并拥有与人交往和交流沟通的能力。实际上，融入人心应该是最难但也是最有价值的工作。而你要向对方推广自己的思想主张，就必须让对方感觉到内心的真诚，并通过沟通才能融入对方的圈子。这甚至有点像男女谈恋爱，对错和公平不能完全计较清楚，包容、理解、退让、沟通和信任是融入人不可缺少的要素。

许多成员关系稳定的专业圈子往往意味着某种资源的集中，乃至一个小众群体的形成。一个人要想成功，要想发展人脉，就要加入一些有影响的圈子，并且在圈子中寻找与自己有相同的经历或经验的人。历史悠久的欧美同学会原来只有国别分会，2002 年建议成立商会就是因为不同国家回来的留学人员也需要交流，他们也需要分享各自的经验和体会，需要有一个跨国别的圈子。这些不同国别的人都加入到商会中来，找到和自己有共同爱好兴趣的专业学友，自然就扩大了圈子的吸引力和凝聚力。

5. 我们怎么钓到这么大的“鲸鱼”

很多人都认为比尔·盖茨成为世界首富是因为他掌握了世界的大趋势和他在电脑上的智慧和执著。其实，比尔·盖茨之所以成功，除这些原因之外，还有一个最重要的原因就是比尔·盖茨的人脉资源相当丰富。

比尔·盖茨创立微软公司的时候，只是一个无名小卒，但是在他 20 岁的时候，签到了一份大单。

假如把营销比喻成钓鱼的话，是钓大鲸鱼，还是钓小鱼比较好呢？回答肯定是大鲸鱼。因为钓大鲸鱼钓一只可以吃一年，但钓小鱼的话得天天去钓。比尔·盖茨在25年前创业的时候，他就了解了这一点。他一开始就钓了一条大鲸鱼。

让我们来学习一下比尔·盖茨的人际关系法则。

第一，利用自己亲人的人脉资源。

他20岁时签到了第一份合约，这份合约是跟当时全世界第一强电脑公司——IBM签的。

当时，他还是位在大学读书的学生，没有太多的人脉资源。他怎能钓到这么大的“鲸鱼”？原来，比尔·盖茨的母亲是IBM的董事会董事，妈妈介绍儿子认识董事长，这不是很理所当然的事情吗？假如当初比尔·盖茨没有签到IBM这个单，相信他今天绝对不可能拥有几百亿美元的个人资产。

第二，利用合作伙伴的人脉资源。

大家知道比尔·盖茨最重要的合伙人——保罗·艾伦及史蒂芬。他们不仅为微软贡献了聪明才智，也贡献了他们的人脉资源。

第三，发展国外的朋友，让他们去调查国外的市场，以及开拓国外市场。

比尔·盖茨有一个非常好的日本朋友叫彦西，他为比尔·盖茨讲解了很多日本市场的特点，为比尔·盖茨找到了第一个日本个人电脑项目，以此来开辟日本市场。

第四，雇用非常聪明、能独立工作、有潜力的人来一起工作。

比尔·盖茨说：“在的事业中，不得不说最好的经营决策是必须挑选人才，拥有一个可以完全信任的人，一个可以委以重任的人，一个为你分担忧愁的人。”

博恩·崔西是世界一流的潜能大师，一流的效率提升大师，一流的销售教练。他的书籍被翻译成多种文字，他的训练帮助了千千万万的人提升业绩。

他是如何做到这些的呢？

一、在客户身上投资更多的时间，花更多的时间与顾客待在一起，为顾客设想，与顾客建立商业上的友谊。

博恩·崔西在和客户相处的时候，他绝对不会急着赶时间。他要向人表明，他愿意花足够的时间去帮助顾客做出正确的购买决定，他绝对不会对顾客没耐心。

二、真诚地关怀客户。

你越关怀你的客户，他们就越有兴趣和你做生意。关怀的感情因素是那么的强烈，往往使得价格、相对品质、交货效率、公司在市场上的规模，都敌不过它的威力。一旦客户认定你是真正关怀他和他的处境，不管销售的细节或竞争者怎么样，他都会向你购买。

三、尊敬每一个他所遇到的人。

常言道，一个人有所为有所不为，都是为了博得你所重视的人对你的尊敬。一个人的骄傲、尊严、自我肯定，大部分都来自于受到别人的尊敬程度。你越在意别人的意见，别人对你的尊敬程度就越会影响你的行为。

每当我们感受到别人的尊重，我们就会对那个人特别重视。假如有人尊敬我们，我们就会认为那个人比较优秀，比较有判断力，比较有内涵，而且个性也比较好。

四、绝不批评、抱怨或指责顾客。

绝对不要站在你的立场上批评任何人或任何事，不要恶言相向或批评你的竞争者。每当你听到别人提起竞争者的名字时，只要微笑地说："那是一个很不错的公司。"然后就继续做你的产品介绍。假如有人告诉博恩·崔西，他的竞争者是如何地批评他，他只会一笑置之。

五、毫无条件地接受。

希望能够被他人毫无条件地接受，是所有人最重要的需求之一。你只需要用微笑，并且表现温和友善，就可以表达你接受他人的态度。一般人都喜欢和那些能够接受他们本性的人在一起，而不想受到任何评判和批评。

你越能够接受别人，他们就越愿意接纳你。

六、赞同。

每当你称赞并同意他人所做的任何事，他就会感到快乐并会变得更有精神。他的心跳会加快，会觉得自己很棒。当你在每个场合都竭力找机会对他人表示赞扬及同意的时候，你就会成为到处受人欢迎的人物。

七、感谢每一个帮助过你的人。

不管你感谢任何人所做的任何事，都会让彼此的自我肯定上升。你会让他觉得自己更有价值也更重要。

你一定要养成随时感谢他人所作所为的习惯，尤其要向那些会让你期望的好事连连不断发生的人，表达感谢之意。

八、羡慕。

每当你羡慕一个人的成就、特质、财产时，就会提高他的自我肯定，让他更得意。只要你的羡慕、赞同、感谢都是发自内心，别人就会因此而得到正面的肯定的影响。他们对你产生好感的程度，会相当于你让他们对自己及生活的满意度。

九、绝不与顾客争辩。

你只要别跟客户争辩就好了。不管客户说什么，你只要点头、微笑，并且欣然同意。顾客喜欢和与自己所见略同的人打交道，他们不喜欢和爱抬杠的人相处。甚至当客户明显犯错时，他还是讨厌你把他的问题揪出来。把眼光放在建立关系上面，以建立关系的利益来考量。

十、集中注意力，倾听顾客在说什么。

当客户在说话时，你把注意力集中在他的身上，就是对他最大的恭维。你让他觉得自己很有价值，而且很重要。

你的任务就是成为一个人际关系高手，成为一个人际关系专家。你的任务就是去成为一个在行业中最好、最有人缘的人。

6. 行销大师的"宾主两益"关系

亚伯拉罕是世界一流行销大师，他做过世界500强以及一万多家大小企业的顾问，他的顾问费以及演讲费都是世界最高的。他有一套独特的营销技巧：

第一，创造一种所谓"宾主两益"的关系。

如果甲公司同意将一个销售讯息传递给乙公司，或者甲公司同意鼓励他的客户购买乙公司的产品或服务，甚至大加吹嘘、赞扬。一旦你获得了这些资讯，就可以和这些能发展合作而非竞争的企业进行接触，要求他们将你的产品或服务推荐给他们的顾客，并尽量将有关你所提供的产品或服务的资料提供给他们，并附上一些高品质的证言。

你应该找到那些可能偏爱你所提供产品或服务顾客群的公司。你可以和这些公司合作，请他们将你的产品或服务都作一份背书，并保证对方可以得到一部分利润为报偿。

在运用"宾主两益"关系时要注意五点：

1. 你的产品或服务对这家企业的产品或服务完全不具竞争性。

2. 你并不会夺走或排挤掉企业平常可获得的利润。

3. 保证会增加他们的利润。

4. 他们不用费吹灰之力。

5. 所有的意外，你会负起赔偿之责，不会让他们受到损失或伤害。

向对方表示绝对不会有任何的利益冲突，不管体制怎么样，或他们怎么做及由谁来做，这种关系只会互相补充，更为完美。

你可以赚到本来赚不到的钱，你不用花任何人事行政成本及推销成本，就可以获得额外的利润，如此一来，你可以重新回收当初对客户及潜在客户所下的投资及多年来建立公司资产的努力及成本。

第二，给顾客提供“特殊待遇”。

对客户的感觉而言，担任产品及服务推荐者及背书角色的“主体”公司，必须让他的客户感觉受到重视。例如经由协商，让客户得到比市价偏低的价格，或得到高于市场的利润、福利或保证提供额外的价值。要将这个客户和其他的客户分开，让他们感觉自己很特殊、很重要及很独特。

第三，充当顾客与顾客的中间人。

你只要在顾客之间充当中间人，替双方拉拢关系，你就可以与他们建立友好亲密的关系。你可以尽量找到许多顾客，对他们说：“行销你的产品，让相关产业的公司来替你卖产品或服务。”然后你再对另一个顾客说：“要带一些产品给你，让你进行行销。”你就如此将交易双方拉拢在一起，只要这么做，很快就可以成为双方的大红人，并得到一些佣金。

第四，建立一个正式的推介系统。

任何对你客户重要的人，也自然变成对你重要的人。

尽可能地开发及使用推介系统争取生意。据此说法，关注四周你所接触到的主动与被动客户，他们的一生中可能会介绍很多的客户及新朋友给你。

7. 要赚更多钱就是去接触更多的人

汤姆·霍普金斯是世界一流的销售大师，被美国报刊称为国际销售界的传奇冠军，他是世界金氏纪录房地产销售最高纪录的保持者。他曾与美国前总统布什、英国首相撒切尔夫人等同台演讲。他出版的书籍被译成11种文字。

他是如何利用人脉资源来为成功服务的？

第一，赚更多钱的技巧就是去接触更多的人，不断丰富自己的人脉资源。

虽然只有少数的销售员会否认前面的说法，但多数销售员却不会如此做，他们知道他们必须每天去会见一堆新人才能成功。可是，他也害怕被人拒绝。但是，请你改变这个观念，那就是每一次被拒绝，你实际上是赚到了钱，你被拒绝的次数越多，赚的钱也越多。

所以，现在你准备走出去会见一些需要你产品或帮助的人吧！

第二，销售就是去找人销售产品及销售产品给你找到的人。

电话销售以及陌生拜访的比率大约是10∶1，那就是说，打十个潜在客户的电话可以得到一个面谈机会。不要去问别人的成功比率，不要去和别人比，你只要跟自己比就好了，你要使自己每天进步一点点。

一旦你把你的成功比率设定好，那就要努力去执行。如果你得到大量的会面机会但是没能做成几笔销售，你可能在未得到有效资格认定之前就失去了机会。在找错销售对象时你无法赚到钱。

第三，开发金矿。

被其他业务员遗漏的顾客就是一个金矿，只要你愿意并且能够使用它，你就有享受不完的资源。

当失败的销售人员离开一个客户时，在他们后面的是他们的客户。

很多人之所以在销售上失败，是因为他们不知道追踪跟进。在你公司那些失败的销售员，他们所放弃的客户正能成为你的客户群。

"只要你开始致力于别的销售员遗留在公司的档案，你的收入就起飞了。你打电话给这些被遗忘的客户，重新建立你们的联系。"

第四，做一个本地优秀的公关员。

一位冠军不会闭关自守，不关心报章的头版新闻。冠军会读当地报纸来引发生意。而且他读报时手中拿着一支笔，因为有成批的人刊登各种消息，每一件事对冠军都是重要的。

第五，交换市场。

你应该借由最好的客户来建立自己的交易市场，除了一些努力之外，它花不了你什么成本。

选择一些能干的销售员和你作交换。交换包括两个内容：1. 交换客户名单。2. 相互介绍顾客。你要先打第一个电话，告诉销售经理你想做什么，问他你应该在他公司找谁做你的交换市场。那位销售经理就会安排某个人作为你的交换市场。

第六，保持联络。

与顾客保持长期联络有三种方法：1. 寄东西给他们。2. 打电话给他们。3. 去看望他们。

大部分的顶尖销售冠军寄出邮件至少十天一次。很多汽车生意的顶尖销售员每年寄给它的客户新的公司产品介绍小册子四到八次。几乎每个大公司都会定期印制小册子给他们的销售员去寄发给他们的客户。

所有的这些邮寄系统能以小小的努力获得大量回馈。但是它不能取代电访或亲自拜访的联系方式。用邮寄去保持接触，以及维持你在他们心中的新鲜度。要利用电访和亲自拜访得到最有效的回馈，你必须及时了解他们的欲望，搔到他们的痒处。

这是销售的生命血脉。

[第五章]

RENMAIDEGUIJI

职场——用诡计织就资源网络

让人脉资源为跳槽做足铺垫。要和那些在业内从事某类职位时间较长的，有一定影响力的职场人士多接触，保持联系，善于对人脉资源进行有效的整合。

1. 君子之交淡如水

虽然，我们不能说一个具有好人品的人就一定拥有好的人缘，但我们可以肯定的是，一个道德品质低下，人品低劣的人绝对不会拥有好人缘。俗话说：物以类聚、人以群分。一个正常的人，谁愿意与人品低下的人为伍呢？所以，人品好坏是决定人缘好坏的决定因素，当然，还必须掌握一些交际艺术。

首先，必须确立一个观念：和为贵。

在中国的处世哲学中，中庸之道被奉为经典之道，中庸之道的精华之处就是以和为贵。同事作为你工作中的伙伴，难免有利益上的或其他方面的冲突，处理这些矛盾的时候，你第一个想到的解决方法应该是和解。毕竟，同处一个屋檐下，抬头不见低头见，如果让任何一个人破坏了你的心情，说不定将来吃亏的是你，而不是别人。与同事和睦相处，在上司眼中，你的分量将会又上一个台阶，因为人际关系的和谐处理不仅仅是一种生存的需要，更是工作上、生活上的需要。

和同事相处是一件容易的事。和谐的同事关系让你和你周围同事的工作和生活都变得更简单，更有效率。

要想拥有和谐的同事关系，还必须记住一句话："君子之交淡如水"。

大家在同一个公司里工作，个人的交情肯定是大不相同，远近亲疏自然是存在的。问题的关键就在于应该如何处理这"远近亲疏"的关系。

我们可以回想一下，平常我们容易对哪些人产生意见。其实我们并不会对谁与谁关系密切，谁与谁关系疏远而产生什么异议，因为对于我们自己来讲，也存在着和有的人关系比较亲近，而和有的人关系比较一般。甚至对于同事中为自己的好友找理由搪塞错误，我们也没有什么意见，因为谁没有几个好兄弟、好姐妹在有事情的时候出来罩着？但是当我们发现，这种远近亲疏的关系开始因为共同的利益扩大化，甚至出现了营私舞弊、相互倾轧的时候，我们就开始皱紧眉头了。

这种状况是一个优秀团队内部的大忌，甚至可以说是一个团队瓦解分化的开端，结果就是导致整个团队的瘫痪。

为了避免这样的事情发生，我们要做的就是控制好与同事之间远近亲疏的关系。我们应该这样想，无论你与一个同事的关系是亲还是疏，这都是你们私人之间的关系，而这种关系更是工作以外的关系，不应该对你们的工作产生任何影响。

道理虽然很简单，但实际上人与人之间的感情并非如所描述的那般容易控制。尽管你的心里明明白白地知道："一定不能把私人关系带到工作中来。"但是更多的时候，很多行为都是个人喜恶的自然流露，连你自己都感觉不到。那么，照这样说来，究竟应该怎么办呢？那就是，应该控制好远近亲疏的程度，最好的办法莫过于"君子之交淡如水"。

好朋友的形成和维持都是需要条件的。说得具体一点，要成为好朋友，情投意合固然重要，但是还有一点，那就是两个人之间不能存在着明显的利益冲突。两个存在明显的利益冲突，存在显性的或是隐性的利益竞争的人，是很难成为好朋友的。即使是已经成为好朋友的两个人，在面临明显的利益冲突和竞争的时候，也常常会使感情陷入僵局。因为人从本性而言是自私的，谁也逃脱不掉。

正是因为如此，所以在公司里，还是"君子之交淡如水"的好。因为公司是一个充满了太明显的竞争和利益冲突的场合，影响和干扰人与人之间的亲疏远近关系的因素实在是太多了。好朋友之间太容易出现矛盾和裂痕，而这种矛盾和裂痕基本上是不可能避免的，就算人的主观上有再好的希冀也难以避免。

其次，必须学会尊重同事。

在人际交往中，自己待人的态度往往决定了别人对自己的态度，因此，你若想获取他人的好感和尊重，必须首先尊重他人。

研究表明，每个人都有强烈的友爱和受尊敬的欲望。由此可知，爱面子的确是我们的一大共性。在工作上，如果你不小心，很可能在不经意间说出令同事尴尬的话，表面上他也许只是脸面上有些过意不去，但其心里可能已受到严重的挫伤，以后，对方也许就会因感到自尊受到了伤害而拒绝与你交往。

一位哲人曾提出过这样的问题：将军和门卫谁摆架子？答案是门卫。因为将军有着雄厚的资本，他不需要架子作支撑。现实生活中也是如此，拥有优势的人常常胸怀大度，其自尊和面子足矣，无须旁人再添加。

而与你同一阶层甚至某方面不如你的人，很可能因为自卑而表现出极强的自尊，他仅有的一点儿颜面是需要你细心呵护的，如果你能以平等的姿态与人沟通，对方会觉得受到尊重，而对你产生好感。因此，要谨记，没有尊重就没有友谊。

要做到尊重同事，就必须自觉保守同事的秘密。

我们知道有关同事的秘密，无非有两个渠道。一个是这个人亲自告诉我们的，一个就是除他亲自告诉我们以外的一切途径。

如果是别人亲自告诉我们的，我们可真的是“打死也不能说”。别人这么信赖我们，我们怎么可以把别人的隐私随便散布出去呢？

那么，如果是我们通过其他的途径，得知了这样的消息呢？

那就让消息在我们这里堵塞吧！让这些消息在我们这里终止，散布通道在我们这里彻底被截断。

虽然这些道理我们都很明白，但是有的时候，我们的嘴巴还是不经意的就走漏了风声。比如，和大家玩得高兴，玩得开心的时候，兴奋之下，就什么都忘记了，想起什么就说什么，反正大家都很高兴嘛！再比如，和谁闹了别扭，自己心里面气不过，什么朋友交情，江湖道义，统统闪到一边去，给你来一个大穿帮、大揭秘。

这样的情况太有可能发生了。那么如何才能避免呢？一个最好的办法，就是听过了别人的事情就干脆咽下去，烂到肚子里面。一天烂不干净，就花两天的时间来烂掉它。总之，一句话，就是不能让嘴巴给自己惹祸。古人说“祸从口出”，在公司，这种人际关系圈子里面，这句话应该被每一个人写在自己的办公桌上，时刻警醒自己。

再次，要尽量避免与同事产生矛盾。

同事与你在一个单位中工作，几乎日日见面，彼此之间免不了会有各种各样鸡毛蒜皮的事情发生，各人的性格、脾气禀性、优点和缺点也暴露得比较明显，尤其每个人行为上的缺点和性格上的弱点暴露得多了，会引出各种各样的瓜葛、冲突。这种瓜葛和冲突有些是表面的，有些是背地里的，有些是公开的，有些是隐蔽的，种种的不愉快交织在一起，便会引发各种矛盾。

同事之间有了矛盾，仍然可以来往。第一，任何同事之间的意见往往都是起源于一些具体的事件，而并不涉及个人的其他方面。事情过去之后，这种冲突和矛盾可能会由于我们思维的惯性而延续一段时间，但时间长了，也会逐渐淡忘。所以，不要因为过去的小意见而耿耿于怀。只要你大大方方，不把过去的事当一回事，对方也会以同样豁达的态度对待你。

第二，即使对方仍对你有一定的成见，也不妨碍你与他的交往。因为在同事之间的来往中，我们所追求的不是朋友之间的那种友谊和感情，而仅仅是工作。

2. 滴水之恩当涌泉相报

在茫茫的人海中，我们是沧海一粟，显得那么平常、那么渺小，因此那么不被人注意。所以，我们很难被人器重，很难出人头地去实现自己的人生价值。而借用某种媒介赢得他人器重，就是要通过认真的分析，发现自己可以利用那些能够引人注目的强项和优势，把自己推销出去，让能够帮助你发展的我们对你引起重视，进而赏识你、器重你，辅佐你顺利发展，实现夙愿。

某旅游公司的小崔，当初进公司时只是一个很普通的接待员，她在该公司数十号员工中，显得再平常不过，以致连总经理都叫不上她的名字。然而，这个小崔可是个有着较高文化修养和较强公关能力的好苗子，她不仅有着一身旅游公关的实践才技，而且有着一手旅游公关的文字素养，曾在多家社科报刊上发表过旅游公关题材的文章，有着旅游公关和经营的独特见解。

为了开掘利用“人脉资源”，把自己推销出去，进而达到在事业上发展自己的目的，小崔便寻机去向总经理汇报自己对开发旅游资源、做好旅游公关的设想，并送上载有自己文章的刊物。总经理浏览了刊物的文章后说：“你的文章很有见地，这些问题还没想过呢，你平时经常在媒体上发表文章吗?”小崔答：“总经理别见笑，虽已发了近百篇文章，但这只是雕虫小技。”数月后，小崔被调到公关部，让她从事旅游公关工作。一年中，小崔实施了多例公关策划，使她的才能得以充分发挥，公司效益大幅上扬，由此，她更加赢得了总经理的器重，被委任为公关部经理。小崔通过借用能够展示自己才华的报刊作为媒介，赢得了领导的器重，较成功地开掘利用了“人脉资源”，实现了凸显自己和发挥才能、发展事业的愿望。

在生活中，优势者对劣势者、强者对弱者的体恤，是一种遵循世道人心法则的智行善举，它往往会在人群中产生向心效应，提升自己的尊者风范、亲者风度，其“人脉资源”就会有效地被你开掘利用，使你成为人们的尊敬者、崇尚者。

有个被交流到杭州一所大学任职的校长，在上任前进行了下述开掘利用“人脉资源”的策划：他首先了解即将赴任的这个大学的贫困学生的数量，尤其详细地了解了一个叫金宝根的特别贫困学生的家境及致贫原因。而后，在上任伊始的一次全体师生大会上，他面对着台下的我们富含人情味地说：“这些年，在改革开放政策的指引下，人民群众的生活有了极大的改善，但我们也不能忘了我们这里还有像金宝根这样的贫困学生。金宝根一家三口，60 多岁的老父患有严重的心脏病，其母患肾炎和糖尿病，而金宝根是卖了家里的牛凑了学费来读书的。大家知道，作为一个农家，卖掉了牛意味着什么。目前贫病交加，已使他们家背上了 8 万元的沉重债务。8 万元债务，对于一般家庭来说算不了什么，但对于一个年收入才 3000 余元的家庭而言，这就是一笔天文数字。因此，我们要对这样的特困学生重点扶持……”这位校长的话音刚落，台下已是掌声如雷，人们感佩他对这里的贫困学生了解得如此详细。从此，他的“草根情结”和人文关怀情愫便被人们口口相传，赢得了很高的威望。

商业化的社会，体恤人的疾苦、体察人的情感需求，最会被人感怀。这里，这个校长就是因为借用这种世道人心开掘利用“人脉资源”的。这是因为，由于他体恤弱者，使他在师生中树立起了可亲可敬的形象，人们对他抱有满怀的可依靠的希望，他也在群众中有了凝聚力和向心力。

俗话说：善有善报。中华民族自古至今一直延绵传承着感恩相报的传统交际心理和情结，“滴水之恩当涌泉相报”被世人奉为道德行为准则。所以，以这种传统的交际理念去开掘利用“人脉资源”，仍然有着强大的惯性作用，同样会使你的人生出彩。

有个斯姓大学生的父亲办了一家小型制茶厂，因为激烈的市场竞争，斯家茶厂的茶叶虽然质量不错，但还是难拓市场。不过，小斯是个乐于助人的善人，一次，他途经杭州，路遇一位70岁左右的老翁被车撞倒昏厥在地，当时，有些人见状避而远之，而小斯却即刻拦了一辆出租车，把老人送到医院救治。他挂号、付款忙得满头大汗，医生护士都误把他当成了老人的亲属。经过及时抢救，老人脱离了生命危险。出院后，老人在感谢小斯倾力救人的同时，了解到他家茶厂生意不景气，于是，一个越洋电话打到了新加坡，让儿子回来考察斯家茶厂生产的茶叶。原来，老人的儿子是新加坡一家食品公司的总经理。经过考察，斯家茶厂生产的茶叶符合采购标准，遂建立了长期供销关系。从此，小斯父亲的茶叶生意走出了低谷。

乐善好施，也许有时并不能及时得到回报，但广泛而长期地助人，有朝一日总会遇到贤人而以恩报恩，你的"人脉资源"也会由此而如意地被开掘利用。因此，"助人而人助"，这话在你开掘利用"人脉资源"去发展和壮大自己事业的过程中，定会得到有力的印证。

3. 越跳越高，做职场牛人

找工作准备简历似乎是理所当然的事，简历写作指导类的文章也到处都是。但之于简历本身，其对毕业生的作用要远远大于已经有过一定的工作经验的职场中人。面对就业市场的萎缩，简历几乎是无效的求职手段。那么不用简历，在这跳槽季节，又有哪些更好的途径能让我们照样越跳越高，做一回职场牛人呢?

让人脉资源为跳槽做足铺垫。那些在业内从事某类职位时间较长的，有一定影响力的职场人士。多接触，保持联系，善于对人脉资源进行有效的整合。

张小姐最近的心情不错，下个月她就要去另一家网站任副总编辑一职了。同事们也都认为这样的好机会应该属于她，因为她有一张人人羡慕的人脉资源图。但凡同事在工作上有困难，张小姐总能凭那张人脉资源图搞定。也难怪，张小姐已做了五年的网络编辑了，长期负责教育类信息编辑工作，其敏锐的网络感觉和娴熟的编辑业务以及有口皆碑的敬业精神在业内有一定的影响。张小姐是一位有心人，在平时的工作中，她比较注意经营自己的人脉资源，对人脉资源进行有效的整合。五年来，她与各大网站和行业网站的编辑的接触很多，与业界的交往也达到了一定的深度，在平时，电话、电邮、短信、QQ、MSN 等一个都不落，与一些网站和教育机构的同行还时不时一起逛街下馆子看电影什么的。一句话，张小姐是一位有心人。

这不，前一阵子竞争对手的网站副总编辑一职出现了空缺。在该网站工作的编辑在第一时间将这一消息告诉了她，在征得她的同意后，又把她推荐给了单位的人力资源部门。对方单位人力资源部和部门经理在了解相关情况后认为此人在业界的影响力和工作能力等方面适合网站的发展，几次会谈后，对方网站与张小姐最终确定聘请她担任网站副总编辑一职。

一项调查结果显示，有 95% 的人力资源主管或是求职者透过人脉关系找到适合的人才或是工作。张小姐的成功跳槽，就印证了这一点。她有机会去竞争对手的网站任职副总编辑，除了她本人的能力外，还在于她善于对人脉资源进行有效的整合。

职业专家指出，编制一张自己的人脉资源图的关键是需要根据各个朋友的情况，制定出不同等级的联系频率，因为我们不可能和每个人都保持很密切的联系。同时，建立人脉是持续的过程，不仅仅是四处搜集名片，也许这些人无法立即介绍工作机会给你，但是保持联络就有机会，后续的联系目的主要是让双方了解对方的最新状况，并取得最新的信息，建立长久的互惠关系，以便在需要的时候用得上。

在 IT 业从事销售管理的张先生性格外向，是一位天生的乐天派，他人到哪儿就把欢乐带到哪儿。不过最近张先生的发展可不太顺利，其所在单位业务调整，张先生在职业生涯发展出现了一些暂时的停顿，他在家一边调整，一边寻找新的工作机会。

前一阵子，一个过去的同事组织了七夕派对，邀请张先生参加，张先生是一个爱热闹的人，就去了。当天的派对组织得很成功，现场气氛也一直不错，难得的是竟然有不少的人来自 IT 业。

组织者让大家先做自介绍，由于当天的主题是关于七夕的。张先生在派对上大方向大家介绍自己，并与大家分享了自己对于 IT 对于销售和销售管理的见解，张先生侃侃而谈，他的风趣给大家带来了阵阵欢笑。

自我介绍之后是互动游戏时间，组织者将参加派对的人分成了几个小组，张先生的管理特长也得到了极致的发挥，小组成员的积极性被充分调动起来，他所在的小组也拿到了当晚的最高分。在之后的自由活动时间里，大家互换名片，因为张先生的表现，很多人都主动来与他交换名片，其中有一位先生是一家公司老总，闲聊之中，这位老总得知张先生从事销售和销售管理工作已有多年的经历，但是不巧赶上了公司的业务转型，正在找工作，于是向他伸出了橄榄枝，原来这位老总的公司正缺一位销售管理高手。于是，一周之后，张先生交接完手头的工作，跳槽进入新的公司任职销售总监。

派对就是派对，参加派对不是为了跳槽，而是为了认识更多的朋友，但派对后的机会不容忽视。所以在派对上聊到自己的工作时，尽量多给对方一些正面的信息，多聊一些你对于本行业发展的认识，你的职业生涯规划等等，这些都会对你有所帮助。切记，不要在派对上批评你的老板，不要抱怨好的工作机会难得等，你想一想，哪一个老板会喜欢一个对公司要求太多对自己又没有信心的员工呢?

4. 多参加活动才能多认识人，人脉资源才能广

“职场中的人脉关系就是互相利用，用不着当真”，“做销售工作就是要把客户陪好，客户高兴了，签单就轻而易举”，“是做技术工作的，只要把自己的技术做精，走到哪里都不怕”……假如你是刚刚入职的职场新人，当你听到这些话，千万不要信以为真。因为在职场人脉资源的建立上，这些说法被看成是陷阱。如果你听说了，而且还当真了，请赶快停下来，重新输入一些正确的理论，好及时挽救你的职场人脉资源。

华南理工大学的小丁从2月底开始在某网站公司实习，7月份成为该公司的一名正式员工。同事关系算是比较融洽的，但并非如朋友那般无话不谈。“在职场上没有真正的朋友，人脉都是用作需要时候的储备资源。”小丁在同事和朋友之间画下了清晰的界限。

“同事间有千丝万缕的利益关系，大家都不愿意把心掏出来，因此只能做到君子之交淡如水。”小丁觉得，在工作中展示出来的是职场素质，职场中的自己并不是全部的自己，“人人似乎都戴着或大或小的面具”。

人力资源管理专家徐毅指出，“职场中应该奉行公私分明的立场。平时和同事的交往中，要分清什么话该说，什么话不该说，或者用什么方式说，这是一种必需的技能。”他表示，“在遇到的职场新人中，有很大一部分是独生子女，相对来说比较自我，不善于控制自己的情绪。比如，感到不满马上就在脸上表现出来，甚至还脱口而出；有时说话也不分场合，想什么就说什么，常常会在无意识的情况下得罪人。”

“很多人觉得职场人脉关系就是互相利用，这种看法既有道理但也不全对。”智联招聘广州区域总监胡海峰表示，“这要看你怎么看待这个问

题，当你可以被别人利用时，就有更多的人愿意与你交往。但这种带着目的心的交往，也被人以同样的目的心对待，往往在需要的时候得不到什么帮助。还是要建立大家基于信任和互相认可的交往，这样的资源积累才是更有效的。”

学工科的小张一直奉承“技术至上”的理念，毕业后如愿成为一名技术工程师。他性格内向，不善言辞。由于平时工作也只是面对着电脑，所以他觉得自己并不需要和人打交道，与同事也甚少交流，“多一事不如少一事，宁愿潜心钻研技术。”

徐毅指出，即便是技术性很强的工作，也需要建立人脉，“比如有些问题，询问别人、交流一下就可以解决了。而如果自己去钻牛角尖，只会耗费更多时间。在遇到高强度的工作时，与人沟通也有助于排解压力。”与人沟通也是提升自己与实现价值的过程，“没有人支持与肯定，工作再出色，也不能实现自己的人生价值。”

专家提醒，职场中忽视和同事的关系，只是闭门造车，长此以往会得“职场抑郁症”。他建议小张，可以从最小的事情做起，比如主动跟同事打招呼、微笑对人，“同事交谈的时候，你可以不插嘴，但是要微笑面对，这样别人会觉得你认可他。”此外，还要克服自己内向的性格，“主动去接近别人，多同身边的人交流，技术上和生活上的问题都可以。利用自己的技术优势，争取对别人能有所帮助，帮不了大忙也要帮小忙。”

“通过参加集体活动，可以积累起一些人脉。”在海关做公务员的小牧工作两年多了，他觉得，尽量多参加一些社交活动，不仅可以结交朋友，还可以了解更多信息，“特别是工作范围多限于办公室的人，圈子太小，应多参加活动才能多认识人，人脉资源才能广。”

5. 职场人脉不都是吃出来的

美国教授斯蒂芬·P·罗宾斯在撰写的经典MBA教材《组织行为学》中指出，一个典型的首席执行官的时间分配中，至少25%该用于人际交往，而社交型CEO在人际上花的时间可能更多。这里的人际主要指的是与董事会、大客户及公司之外的各界高管。这是把搞人际关系学术化了。

如果连美国管理学界都认为花这么多时间和精力去搞人际关系是合情合理的话，那么在中国职场的实战领域，人脉的维系所占的时间及精力的比例，就远远不止于此了。

人脉要花多少成本，郭德纲的相声《要上春晚》中有个形象描述：作为北漂族，混迹多年好不容易赚到一笔5000元的广告演出费后，为了上春晚，全部被拿去疏通和导演组的关系了，注意，还没轮到他和人家吃饭哦。这个相声小品中的细节在现实中并不算夸张。一位上海商人说自己头十年基本没什么钱，挣来的钱，都拿去结交朋友了，也就是最近几年才开始富裕起来。他所谓的结交朋友，除了和朋友们吃饭或者聚会，还有自己不到场，派手下人去买个单之类的情形。现在他投资的人脉中，有的行情已经高涨了，所以他可以挣大钱了。

也有不需要花钱给人买单积累的人脉。一位电影制片人提起过当年和几位同样清贫也同样热血的人的交往：一边在排档里喝啤酒，一边共同探讨着发展和机会。如今有的成了国营文化机构的权力人物，有的自组了影视制作企业，还有的去做房地产了。再聚到一起喝酒，就成了一条电影工业的产业链，投资方，许可证和发行方，制作方一应俱全。

在人脉的形成及培养过程中，吃饭喝酒最多只是敲门砖，跟找结婚对象的相亲差不多。双方化学反应合不合，交谈得投不投机，在一起放不放松，才是最关键的。一旦建立了默契，吃不吃饭真的无所谓了。而第一、二次饭吃得不合胃口，再多吃也是白吃。对惯于在饭桌上认清人的老江湖来说，哪里用得着吃一顿饭那么长的时间来认识一个人。基本印象，大概在热菜上来之前就有定论了，人品问题，就要等日后漫长相处中的各种具体事件和行为来表明了。

一位英国 CEO 在接受记者访问时表示，他把商务餐饮应酬控制在一周一次，他认为对于人脉，这绝对是有用的，但再多就会影响到工作和生活。相对于中国的国情，40 岁以上的商人，最多一周两三次也就够了，多了就该算是不顾家庭的自我放纵了。

6. 一个让人信任的形象有助于扩展自己的人脉

职场中的我们，没有特别的背景，没有过人的能力，每天看着老板的脸色过着日子。偶尔有的时候还不免做做美梦：如果有一天，自己成了电视中那个创业的主角，遇到了一名“贵人”，然后在“贵人”的提携下从此“飞黄腾达”起来了！那该是多么美妙的事情啊……可惜，这对于你来讲，只是梦吧？

事实上，只要你能留心，你就能建立好自己的人脉关系。当你的人脉越来越多，或许你就会发现，生活中从来都是不缺少“贵人”的，我们可能就是你的朋友、同事，甚至是萍水相逢的人，只是在遇到我们的时候，你没有发现，或许被你一带而过……

John 早晨起晚了，这本是他前去公司面试的日子。所以他特别着急，在路上有人向他寻求帮助的时候，John 拒绝了。可是当 John 到达面试地点的时候，前台小姐告诉他说，老板来过电话说，让面试者耐心地等半个小时，老板的车半路抛锚了，现在已经得到了很好的维护。

当John终于等到老板的时候，John惊呆了！老板，正是路上向他求救的人！可是，当时他因为什么拒绝了呢？哦，因为时间的问题。

可是，老板已经带来了另一个年轻人！

是这名年轻人帮助了老板，其实也只是帮老板打了个电话给维修部，使老板的车得到了及时的修理。修车的过程中，老板知道这个小伙子刚大学毕业，正准备找工作。就把小伙子带来了！

此刻，就是这名和自己一样刚毕业的年轻人，成了John的竞争对手，而对方很显然比自己有优势。可是，那个机会，原本是属于自己的。John很后悔，可是又有什么办法？送到门的机会，就这么白白流走了……

或许你会说，John这样的故事发生的几率也太少了！可是，你明白吗？很多时刻，你无意间的善心或眼神都可以成就你一生的宝贵人脉财富！

从此之后，John养成了一个习惯，不管要做什么事情，都要提醒自己提前半个小时出发，如果去早了，就在附近转转，到时间再过去。而对于路上遇到那些需要帮助的人，只要他有足够的时间和能力，他一定会尽力帮助他们。这点习惯后来真的成就了他的幸运，不过是一段美妙的爱情和婚姻。可是，谁能说，这个好习惯不能成就他的财富呢？

大家都比较熟悉的三国中的刘备，他早期不过是一个卖草鞋的落难的皇家后裔。后来，为什么可以成为三国鼎立之一的一方霸主？可以说，其原因是多方面的，而所有的原因都是和人脉分不开的！

首先，他是皇家后裔，他有一定的宗族关系和人脉。比如早期他刚起军的时候不是就自称是汉皇后裔吗？这种身份使世人及宗族中的人给他很多同情，其中荆州避难就说明了这个道理。

其次，他依靠的是结盟关系。比如关、张为刘备赢得一方天下立了汗马功劳，二人之所以能做到舍命保刘备，是因为“桃园三结义”的原因。三是人情关系。三国局面的出现，诸葛亮功不可没，其之所以能做到“鞠躬尽瘁，死而后已”无非是为了报答三顾茅庐之恩。

因此，尽管刘备文不及孔明，武不如关、张，但由于他能充分利用各种关系，才得以建功立业。

可见，人脉关系是多么的重要！

那么，职场中的我们，该如何为自己建立人脉，又该如何提升自身的人脉竞争能力呢？

为自己建立起守信用的形象。守信用的形象体现在细节上，比如按时到达和对方约定的地方，答应别人的事情尽力做到等等。如果你足够细心，一定会发现，大凡有所成就的超级富翁们，他们是不会轻易向别人许诺的。台湾地区花旗银行商人银行处处长韩蔚廷认为，“说到做到”是他最希望自己在别人眼中的样子，也是他一直以来奉行的信念。而也正因为他“绝不过度承诺”，不管是朋友、同事还是客户，都很信任他。

而美商摩根大通集团台湾地区负责人郭明鉴表示，如果一个人讲的话每次都要打七八折，那么他认识的人越多，带来的负面效应就越多。

所以，想提升自己的人脉，首先应建立一个让人信任的形象，这是让人脉竞争力可以产生正向循环的关键。

增加自身的价值。什么叫自身价值？从职场这个角度来看，所谓自身价值就是自己的价值，比如你的工作能力，如果你非常有能力，其他人谁都比及不上，即使你不懂得笼络人脉，也会有人主动笼络你的，这就是自身价值所在。因为他们需要向你咨询他们不懂的地方。如此，你只要懂得将向你咨询的这些人稍加利用，就能为自己建立一个广大的人脉网络了。

乐于分享。有些人很自私，职场中也是如此，觉得自己会的东西不能让别人知道，如果让别人知道了，那就多了个竞争对手。

或许在职场中我们确实遇到过这样的情况，本来是你的专长，而被别人学走之后，又变成了别人的专长，在老板决定公司里减员的时候，你被换了下来。于是，你记住了，下一个工作，绝对不能轻易将自己的绝活告诉给别人。

或许，你还不懂得这样一个道理，那就是“赚钱机会非常多，一个人无法把所有的钱赚走。”而懂得这个道理的人很少，敦阳科技总经理梁修宗、友旺科技总经理欧阳自坤都是这类型的人，梁修宗的口头禅是：“只要跟着，就有钱赚。”他们之所以敢夸下如此海口，就是因为他们懂得分享。而那些和他们站在一条战线的人们也懂得，他们不仅有能力让你赚钱，而且还让你最终获得更多。事实上，回过头来想想，当你与别人分享的时候，别人也会回报你更多，如此，你们的业绩不是越做越大吗？

事实上，只要你能留心，你就能建立好自己的人脉关系。当你的人脉越来越多，或许你就会发现，生活中从来都是不缺少“贵人”的，他们可能就是你的朋友、同事，甚至是萍水相逢的人。

想提升自己的人脉，首先应建立一个让人信任的形象，这是让人脉竞争力可以产生正向循环的关键。

7. 织就一张自己的人脉网

提供专业、有效的指导。从猎头顾问那里，你将会了解到市场状况、薪酬水平，学习面试技巧，如何处理求职过程中的相关事宜，如何谈薪资，如何辞职，如何规避风险等。

因为猎头对客户的文化、组织架构都有详细了解，所以好的顾问会给你非常有针对性的指导和建议而非泛泛而谈。其他渠道的健康人脉也能够从以上方面帮你提供第一手的资料，从而可以让求职者有备而去。

及时了解市场动态，帮助把握机会。

和猎头顾问建立起了良好的关系后，作为始终处在职场信息最前沿的他们可以随时帮你留心适合你的好机会，并在前期帮你做出判断。在猎头为客户提供寻访的过程中，猎头所掌握的客户的信息不仅是最机密的，也是最全面的，虽然顾问不会和候选人谈及任何要求保密的事宜，但他们所给你的每一点信息和建议的背后往往蕴涵着在现阶段不能告诉你的巨大机会。

做了很多高管寻访的职位，客户会在项目开始时坦白告知：该职位将要在××时候替代目前的谁，或者说在未来的××时间，公司将要对哪些人做出什么样的调整。对目前职位上的人来说，这就是危机；对即将接任的人来说，这就是他们必然存在的，但是目前无法告知的机会。

全面的信息提供帮助你深入了解目标公司从而做出正确判断。成熟的人脉会帮助你对新机会做出真实地了解从而理性分析新机会的利弊。对于好的有潜力的机会，不会因为不了解而轻易失去；对于大家都普遍看好的机会，可能你通过专业途径了解了一些不为人知的方面后反而会认真放弃。

专业渠道是职业经理人实现职场跳跃，提升自己的最有效途径。通过猎头的帮助实现职业生涯的提升是目前最有效和受欢迎的方式。对客户和职业经理人来说，无论是职位还是薪资，因为有了专业顾问提供的专业服务而使这一切变得规范、合理、安全和有效。

章子怡再成功，也需要有经纪人替她打理；姚明成为小巨人，更离不开他背后的“姚之队”。因此，此刻的你，无论是处在顺风顺水、意气风发的阶段，还是迷茫、彷徨的十字路口，好的职场人脉永远是你驰骋职场最有力的保障。织就一张自己的人脉网将保证你在顺利的时候更进一步，危机时刻永远都不会掉下去。

【第六章】

RENMAIDEGUIJI

商场——用诡计搭造诚信平台

纵览古今，凡在事业上有所建树的人，无不襟怀坦荡、气度恢弘，抱着“以和为贵”“诚信为本”的处事态度。“和为贵”，这是令中外成功者最为推崇的处世哲学。拥有好人脉就不要斤斤计较个人得失，襟怀坦荡会有更多的人成为你的朋友，人脉网就会宽广。

1. 获得成功人士的指点，比别人少走了许多弯路

细心的我们会注意到，当我们以一种诚恳的态度请一个人贡献他的意见的时候，这个人一定会很容易对我们产生好感。这就是使别人感觉到自己受到重视和关注的最简单的方法。许多事实表明态度诚恳地向别人请教，是对对方最好的恭维，它胜过世界上最美丽的语言和赞美。当然，我们也没有必要像政治家那样，不厌其烦地将这种礼仪表示给我们所希望合作的人。日常生活中，我们仅仅是就对方感兴趣的问题向他请教，并与之共同商量解决的办法，就能很容易地获得他人的好感了，因为“真诚是一种心灵的开放”。

一个刚刚从乡下来的名不见经传的孩子法夸尔就是应用了这种策略，获得了与当时纽约最有势力的人物见面的机会。

法夸尔首先想方设法进入了鼎鼎有名的雅各布·阿斯特的办公室。他只说了这样一句话:“想请教您一下，如何才能成为像您一样的百万富翁呢?”

这句话并非一点也不着边际，法夸尔内心十分清楚，什么样的话能引发一个成功的企业家的兴趣。果然，阿斯特听了此话之后，他看到居然有一位忠实的“粉丝”满脸敬重与诚恳地向自己请教成功经验，感到又诧异又高兴。他不仅耐心地和法夸尔聊了起来，还把他介绍给当时许多的著名人物，如菲什、斯图尔特、贝内特等。法夸尔靠着这种诚恳地向成功者请教的方法，获得成功人士的指点，在事业中一帆风顺，比别人少走了许多弯路，最终也成了百万富翁俱乐部中的一员。

很多有才干的人之所以成功，是因为他们也采取了一些类似法夸尔的策略。人们发现，成功人士并非恃才傲物，他们会就一些问题很诚恳地向

别人请教，询问对方的意见，夸奖对方的才智，使对方真正感觉受到了恭维。

“即使是一个外行，当他来向你提出一个建议的时候，哪怕这是一个很不中用的建议，也得鼓励他几句。”这是著名的企业家约翰·沃纳梅克关于如何对待职员的著名格言中的一条。在确保手下职员的忠诚和热心方面，约翰的这种待人以诚恳的态度确实不失为一种最有效的方法。

那些聪明的领袖都会想办法让下属觉得自己很愿意听取他们的意见，并按照他们的意见来行事。只要有可能，他们更愿意使自己的计划看起来似乎就是下属提出来的，而丝毫不会表示这些意见其实就是他自己的。

许多事实都已经十分明确地告诉我们，有才干的人，都会用种种不同的方法，让别人感觉到自己的重要。坦诚是最明智的策略，而我们如果也照此去做，也会拥有像成功人士一样的事业。

2. 将“和”字写在脸上

孔子认为：礼的作用，以遇事都做得恰当为可贵。

“和”是恰到好处，在矛盾两端选取其间的临界点，便于修身、交际、应世。要做到“和”，就必须洞察得到矛盾的真实状况，就必须找得到临界。

孟子把“天时，地利，人和”看作战争中取胜的三要件。其实战争如此，政坛如此，干工作事业如此，人生的成败又何尝不是如此。

在这个世界上，如果你不想被孤立，那么就必须学会如何与人相处！每个人都有自己独有的性格，不要求你喜欢所有的人，但要和气地对待每一个人。

“和为贵”，这是古今中外成功者最推崇的处世哲学。《菜根谭》里这样写道："天地之气，暖则生，寒则杀。故性气清冷者，受享亦凉薄。唯气和暖心之人，其福必厚，其泽亦长。"

以和为贵，如果你想拥有好人脉，就不要怒气冲冲，而要和气一团。我们常见一些人在生活或学习中，因芝麻丁点小事而口沫横飞，大动肝火。但也有一些人，不斤斤计较个人得失，襟怀坦荡，因为他们持着"以和为贵"的处事态度。

战国时代的蔺相如，为了社稷之安，三让廉颇，终使廉颇心悦诚服。第二次反"围剿"快结束的一天，彭德怀在江西某地察看地形，叫一个挡住去路的战士让开，这个战士因不认识他，竟冲着他打了两拳。彭德怀未加理会，匆匆走了。事后，勤务兵捆来那个打人的战士，让彭老总处理，彭老总却说："谁叫你们这样干的？小事情，快放他回去！"

一个集体，无论是团体还是国家，只要上下一心、团结一致，各个部门各司其职、各尽其能、群策群力、互相合作，就会生机勃勃、欣欣向荣。雅典奥运会的中国女排赛场上，队员们众志成城、紧密配合、奋力拼杀、过关斩将，终于圆了 20 年的金牌梦，在世界重新树立起"强队品牌"。集体的力量可以创造奇迹。成功登上太空的"空中飞人"杨利伟，在潮水般的鲜花、掌声中平静地说：这份功劳属于全中国人民，我只是完成了最后的工作。不错，人类成功登上太空不是一朝一夕可以完成的。如果没有航天科学家夜以继日的精心研究论证，没有各个部门的紧密合作，没有几代人的开拓进取，又哪有今天举世瞩目的成果？一支军队打胜仗离不开上下同仇敌忾、纪律严明，一个国家的繁荣昌盛有赖于全体国民同心同德的奋斗进取。"和"已经成为一种精神文化。

纵览古今，凡在事业上有所建树的人，无不襟怀坦荡、气度恢弘，抱着"以和为贵"的处事态度。而度量狭小者，不仅于他人不利，就是于自己也绝无益处。历史上像庞涓那样嫉贤妒能的小肚鸡肠者，最终不也兵败马陵道，贻笑天下。

处事以和为贵的人，必有广阔的胸怀。俗语说："量小失众友，度大集群朋。"为人有宽阔的胸襟，恢弘的度量，才能赢得友谊，扩展人脉。也只有胸怀宽广的人，才能解人之难，使人乐于信任亲近。而胸襟狭窄者则只会嫉人之才，妒人之能，讽人之缺，讥人之误，因而在他周围便会产生一种无形的排挤力，使人对他避而远之。

如何才能做到处事以和为贵？怎样才能拥有博大的胸怀呢？古人云：“海纳百川，有容乃大，山高万仞，无欲则刚。”我们应该做到“有容”、“无欲”，像大海那样笑纳百川，像高山那样巍巍矗立，刚正不阿。当然，度量的锻炼，并非一日之功，还要靠长期的修养。

同时，以和为贵并不是意味着不分是非曲直，遇事视若无睹、麻木不仁、不讲原则。法国著名诗人雨果认为：“世界上最宽阔的是海洋，比海洋更宽阔的是天空，比天空更宽阔的是人的胸怀。”时代呼唤我们，呼唤博大的度量，呼唤宽阔的胸怀！北风吹袭路人，只会使人更紧紧地裹住衣服，而温暖的阳光，却使人不得不解开厚重的大衣。当我们要打开我们的心房时，一颗宽广而真挚的心，是最有效的工具。

将“和”字写在脸上，和和气气是做人办事的根本。不做损人面子的事情，不说损别人面子的话，这样，就会有更多的人成为我们的朋友，我们的人脉网就会更加宽广。

3. 事事以“信”为重，才会誉满天下

在市场经济条件下，诚信是一个人的资信记录，是指一个人的负责任的能力，不是简单的道德人品问题。诚信是一个人内在气质的反映，是衡量一个人综合素质的重要指标，是一个人成功的必备品德。

诚信是一种情感的表达。无论是夫妻、朋友还是同事甚至是陌生人，良好的沟通与交流讲求的都是真情流露，这是建立在真诚表达、无欲无求的基础之上的。

诚信是人一生中最重要的资本。一个人糟蹋自己的信用，无异于在拿

自己的人格做买卖，卖得越多，留下的也就越少。我们只有事事以“信”为重，才会有“信”满天下的那一天，到时，我们的人脉也会遍布天下。

如果你能够凭着良好的诚信，让别人在心里承认你、信任你，那么你就有了交天下友的巨大资本。

赢得高朋满座，首先要对别人讲诚信，只有如此才能获得人家对自己的信任，与之结为朋友。只要你学会了讲究诚信，其所带来的收益要比获得千万财富更足以自豪。

但是，很少有人能够真正懂得诚信对于我们发展人脉的重要意义。大多数人都无意中在自己拓展人脉的路上设置了一些不必要的障碍。他们因不守诚信常常使一些有意和他深交的人感到失望。

孔子讲“民无信不立”。孟子说“言而有信，人无信而不交”。墨子云：“言不信者，行不果。”所有这些无不强调了诚信是一种承诺，一种保证，一种真诚；讲诚信就是一诺千金。

日本餐饮业有一条不成文的规矩，用过的盘子一定要刷七次。有一次一个在校学生在酒店做临时雇员，开始很认真，每个盘子都刷七次，后来他感到厌烦，开始刷五次，又改为刷三次，始终没有人发现他的偷懒行为。终于有一天老板在检查工作时，发现了他的这种不讲诚信、不按规矩做事的行为，便将其解雇了。这个雇员想去其他地方洗盘子，可是他不讲诚信的事传得到处都知道，以至其他酒店不再聘他！当一个人不讲诚信时，他失去的不仅仅是朋友，还有事业。可见诚信对于人何等重要。

在中华民族博大精深的文化底蕴中，“诚信”二字的分量可谓沉甸甸的。因为讲诚信，刘备充分信任、重用诸葛亮，最终成就了一番事业；同样因为讲诚信，诸葛亮知恩图报，辅助后主，力保蜀汉政权，鞠躬尽瘁，死而后已；还是因为讲诚信，关羽铭记“桃园结义”的誓言，“身在曹营心在汉”，“千里走单骑”，历尽千辛万苦也要回到刘备身边。我们崇拜诸葛亮，敬仰关羽，就是崇拜、敬仰我们这种恪守诚信的可贵品质。

一些年轻人认为：一个人的诚信建立在金钱的基础上，一个人有钱、有雄厚资本，就象征着有诚信。这种想法是极端错误的。讲诚信在于身体力行，一个人是否讲诚信不取决于他的财富，而取决于他对待别人是否有一颗诚实守信的心。

不管在哪个时代，我们都不能离群索居。人和人之间要有顺畅的交流、沟通，彼此寻求寄托与抚慰，这是对个体存在的认证，更是对生存状态的肯定。而彼此认同的产生其实就是一个彼此信任、互相接纳、多元包容的过程。作为社会的最小个体，我们不能强求别人重守承诺，但我们自己要能做到真诚守信，信任他人。

现在，社会越来越开放，人际交往越来越频繁，要获得别人的情感认同，不断取得信任，就应该“己所不欲，勿施于人”，“己欲立而立人”，从小事做起，友善待人。要知道，不管时代怎么变，诚信作为为人处世的基本准则不会变，也不能变。

著名心理学家马斯洛在研究大量著名人物之后指出，一个人要走向成功或走向健康的个性有八条途径，其中两条是与诚信相关；如有怀疑时，要诚实地说出来而不要隐瞒，在许多问题上反躬自问都意味着承担责任。诚信是一个人成功的潜在力量，它将使你与众多的人建立密切和谐的关系，为生活大厦奠定坚实的基础。

所谓“信，诚也”，指的就是心口合一。一个人必须先做一个诚实守信的人，然后才能获得他人的真诚和信任。中国历来有“一诺千金”、“言必信，行必果”的说法，指的就是做人要重诺言、守信用。

一个讲诚信的人，他是纯真的、稳定的、健康的，体现出一种理想的道德力量和意志力量，为他人所信赖。率真是真诚的另外一种重要的品质，它指的是一个人能如实地展现自己，不自欺欺人，这是建立在真实基础上的自尊自重。莎士比亚在《哈姆雷特》中说：“对自己要诚实，才不会对任何人欺诈。”因而，真诚和守信用是一个人自尊自重的表现。

一个人诚实守信与否，关乎他是否有自尊自重的素质。西塞罗说：“没有诚信，哪来尊严。”诚信的人必然能够得到他人诚信的回报。在与他人的交往中，我们先要以诚待人、相信他人，这应当是交友处世的第一原则。要知道：“隐瞒真相，就是骗自己。”至于他人会对我们怎样，那是另外一回事。在实际的交往中，我们自然能够积累经验，用不着过于担心被蒙骗。

诚信的基础是信用。诚信就像是一辆直通车，选择的是沟通心灵距离的最佳路径，唤起的是一种大家发自肺腑的参与感、认同感和荣誉感。

在这个时代，人格信誉是自身最宝贵的无形资产，是每个人的立身之本。李嘉诚总结自己的成功经验时说：“人的一生最重要的是守信，现在就算有多十倍的资金，也不足以应付那么多的生意，而且很多是别人找的，这些都是为人守信的结果。”一个诚信的人，他的一生将因此拥有更多人脉，更多成功的机会，从而受益无穷。

4. 一旦答应别人，就必须实践自己的诺言

信用像玻璃一样脆弱，坏了将无法修复。一个人一旦失信于人一次，别人就不愿意继续和他交往。每个人都乐意与信用可靠的人交往，不守信用的人是危险的。丰富我们的人脉关系，取信于人是必不可少的。

千里之堤，溃于蚁穴。做一个守信的人，我们就不能够轻易许诺，许下一些无法兑现的诺言。所以，华盛顿感言：“自己不能胜任的事情，切莫轻易答应别人；一旦答应别人，就必须实践自己的诺言。”

日常生活中，朋友之间相互帮忙，向朋友许诺是常有的事。许诺也的确可以收到预期的效果。但是，许诺的话好讲，日后兑现不了难办。这会导致自己的“信任危机”，并会给朋友之间日后的交往带来难以逾越的障碍。

一项许诺往往容易把人与人的关系变成物与物的关系，即把以情感为纽带的人际关系变成纯粹的“物际”关系。因为“物欲”只有满足欲，没有理解欲，“物际”关系无法用情感来维系，所以“物欲”一旦不能满足，关系也就全线崩溃。所以，凡是可以避免许诺的地方，一定要避免。傅玄云：“祸莫大于无信。”

因此，在你必须做出承诺的时候，首先要考虑自己实现诺言的实力，承诺不应超过自己的能力范围。也就是说，许诺时一定要考虑到“应诺”的可能性。任何时候，我们都不能光凭良好愿望甚至主观想象去许诺。离开客观实际和条件许可，随意向别人许诺，虽然一时可以用你的诺言满足对方，但是，这“慷慨”带来的苦果却要由你一人来吞食。朱熹早就明确告诉我们：“欺人亦是自欺，此又是自欺之甚者。”因此，许诺一定要慎重，解决不了的问题，要做好解释工作。一旦许下诺言，就要尽全力去实现。

承诺时，不要信誓旦旦，作“热血男儿”，要为自己留有余地。即使有能力办到的事，也可以用“给一次机会”之类的话语来代替许诺。这并不是教你学要“滑头”，因为事情的发展是千变万化的。正如西班牙谚语所说：“诺言快似骏马，但事实可以追上它。”许诺既有它“超前”的一面，又有它“滞后”的一面。说它是超前的，是说它在没有实现之前就已经“预付”给对方了；说它是滞后的，是说它在兑现的过程中，是以过去的情况为依据的。没有人能够准确无误地说出下一分钟会发生什么。只要你珍惜并把握好“这一次机会”，在解决实际问题的过程中，讲求实效，不拖拉，不哄骗，及时与对方沟通事情进展的情况，就足以获得对方信赖了。

即使许诺，也不要把话说绝，这样，你也就获得了一定的回旋空间，靠着这个空间，你就不会失信于人了。只要我们懂得维护自己的信誉，以“信”取胜，打出自己的名誉品牌，就会朋友满天下，人脉四通八达。

5. 不批评人，只夸奖人

在社交中，你要记住：你所相处的对象，并不是绝对理性的人，而是一个个充满了偏见、傲慢、虚荣和自负等情绪化的人。假如你想激起一种反抗，使人痛恨你数十年甚至到死，你只要求一时痛快地发表一些具有刺激性的批评就可以了。假如你想获得友爱、理解，只有一条道路可以供你选择，那就是学会宽恕，哪怕对方是你的敌人。

印度有句俗语："热爱真理，但要宽恕缺点。"宽恕就是要容得下对方的缺点。不能宽恕，就是拆自己要过河的桥。科学家们通过动物实验证明：

由于表现好而受到奖赏的动物，在训练时进步最快，耐力也更持久；由于表现不好而受处罚的动物，其进步速度和耐力都比较差。

科学家们还发现，这个原则同样适用于人类。我们用批评的方式并不能改变他人，反而常会因此引起愤恨，因为没有人喜欢受人指责。

心理学家汉斯·希尔说过："太多的证据显示，我们都不喜欢受人指责。"己所不欲，勿施于人。因此，我们面对别人的过失和错误，应该给予理解和宽恕，而不是针锋相对地指责和批评。我们要学会宽恕别人的过失或错误。因为，批评只会引起愤恨，常常会使员工、家人和朋友情绪低落、做事没有精神，甚至激化矛盾，引起更大的纷争。这根本不利于改变现状。

罗斯福和塔夫脱总统曾经发生过一场大的争论，并且由于他们的互相攻击导致了共和党的分裂，而伍德洛·威尔逊借机成功入主白宫。受到抨击的塔夫脱没有想到自己的行为所产生的不利影响，他含着眼泪说："不知道所做的一切到底错在哪里？"其实，正是因为他不能宽恕自己的竞争对手罗斯福，才白白地耗费了个人精力，无法去做更重要的事，让第三者收获了渔翁之利。

自私的天性，使得人们在做错事时只愿意责备别人，绝不责备自己。其实，我们要明白：批评好像是家鸽，最后总会回家。我们要矫正及谴责的人，都会为他自己辩护，并反过来谴责我们。

林肯在印第安纳州湾谷的时候，年纪尚轻，不仅喜欢评论是非，还写文章讽刺别人。有件事却改变了林肯的一贯做法。

1842 年秋天，林肯在报上发表了匿名文章，猛烈地抨击詹姆士·希尔斯，说他是一位自视甚高的政客。希尔斯因此被全镇人当做笑料。希尔斯当然愤怒不已，他下战书要求与林肯决斗。庆幸的是，在最后一刻有人劝阻了双方，才避免了一起流血事件的发生。

这件事让林肯懂得了如何与人相处的艺术，那就是学会宽恕别人。从此以后，他不再写文章抨击人。也正是从那时起，林肯开始赢得世人的赞誉。

美国南北战争期间，林肯任命的将领——马科科兰、博普、伯恩赛德、胡克和米地相继惨败，几乎使林肯陷入绝境。有许多人无情地指责林肯用人不当，但林肯“毫不怨天尤人，宽容地保持缄默”。

南北战争期间，林肯的夫人极力谴责南方人。林肯劝慰夫人说：“不用责怪他们，这样的情况换上我们也会如此。”

1863 年，盖茨堡战役开始了。7 月 4 日晚上，南方叛军的李将军带着败兵逃到波多马克河边。林肯命令维得将军歼灭李将军的叛军。

但是维得将军一拖再拖。不久，洪水退了，李将军带领军队越过波多马克河逃走了。

林肯闻知此事，马上给维得写了一封措辞严厉的信。但后来林肯想：也许如果身在战场，像维得一样每天看见许多人流血，也许就不会急着要进攻了！如今大错已经铸成，把这封信寄出，除了让自己一时觉得痛快以外，没有别的用处。于是，这封信被永远地收藏了起来。林肯以海洋一样的胸怀宽恕了自己的下属。

在罗斯福执政时期，只要一遇到难以决断的问题时，罗斯福就会望着墙上的林肯像自问："要是林肯处在现在的情况，他将如何解决这个问题?"林肯的宽恕成为罗斯福及许多后来人学习的典范。这样的方法在你想要指责他人的时候也不妨一试。

诗人托马斯·查特敦年轻的时候因为直率的性格而历经坎坷，后来才变得善于处世，进而成了美国驻法大使。他的成功秘诀是:·"不批评人，只夸奖人。"

一次，著名试飞驾驶员鲍勃·胡佛驾驶的飞机在三百英尺的高空，两个引擎同时出现故障，幸亏他经验丰富反应灵敏，控制得当，飞机才得以降落。

在惊魂稍定后，胡佛开始检查飞机用油。原来那架螺旋桨飞机装的竟然是另一种型号的飞机用油。于是，胡佛约见了那位负责维护飞机的机械师。懊恼不已的年轻机械师，一见到胡佛，便后悔得泪流满面。刚刚从鬼门关走了一遭的胡佛并没有责备那个机械师，只是伸出手臂，围住年轻机械师的肩膀说："相信你不会再犯错，我的 F－51 飞机明天还请你维护。"机械师对胡佛宽恕了自己的失误十分感激，在以后的飞机维护中，他十分尽心，再也没有出过一次差错。机械师也因此成了胡佛最得力的助手。

尽量站在他人的角度上思考一下，少一点呵斥和责骂，多一些宽恕！试着去理解人们为什么要这样做，因为这比批评更有益，也更有趣。什么都了解，就什么都会宽恕。

6. 生意不成人情在

大千世界，茫茫人海，既然相逢，缘分不浅。虽相处时间不长，但这中间的关系值得珍惜，值得持续下去。当与对方分开后，仍然保持一种相互联系、历久弥坚的关系，那对你将来所要达到的目的与理想是会很有好处的，这其中的有利方面，也许是你所从未想到的。

“常用的钥匙最有光泽。”因此我们平时一定要注意和周围的人培养、联络感情。只有平时经常联络，朋友之情才不至于疏远，朋友才会心甘情愿地帮助你。如果你与朋友分开之后从来没有联络过，彼此将会变得陌生，你去托他办事时，一些关乎个人利益的事情，他就很难主动帮你。

无论从实用主义，或从情感价值角度去看，朋友之间的友谊都值得我们保持和维系。

当年刘备读私塾时，十分聪明，讲义气，经常帮助同学。即使后来大家分开了，刘备还与同学常保持联系。其中有一个叫石全的朋友，十分真诚，家中很贫苦。刘备不嫌石全家贫，常邀石全到自己家做客，谈论天下局势。

后来，刘备在一次战役中，兵败受到敌人的追杀，是朋友石全冒着生命危险将刘备藏了起来，救了刘备一命。

可见，朋友有时在很危急的关头能帮上大忙，能起到排忧解难的作用。但是，朋友关系的维系来自于自己的努力。在与朋友分开之后并没有经常性的联系，那关系之好无从谈起。所以，只要你有这份心、这份情，能够真诚地维持分开之后的朋友关系，那你的人际面会更加广泛，路子也会比别人多出几条。

感情来自交流。平时多加强联系，是加深朋友感情的一种方法。

尽管当今社会流行一句话：“认钱不认人”，但是“人情生意”从未间断过。因为人是有情之灵物，人人都难逃脱一个“情”字。

朋友之间在平时人际交往中也需“感情投资”。

所谓“感情投资”，就是在平时交往之外多了一层相知和沟通，能够在人情世故上多一份关心，多一份相助。即使遇到不顺当的情况，也能够相互体谅——“生意不成人情在”。

例如，你在生意场上遇到了彼此之间比较投缘的人，有了成功的合作，感情也自然融洽起来，这就是我们常说的“有缘”的人。有缘自然有情，双方为了加深友谊，会为对方付出。但是只有懂得保护和持续这种朋友关系的人，才能继续爱护它、增进它，使双方的友谊天长地久。当然，就算双方有“缘”，彼此能够一拍即合，要保持长期的相互信任、相互关照的关系也不那么容易，仍然需要不断进行“感情投资”。

在商场上，这种问题表现尤其突出。每个人都为各自的利益做事，彼此都晓得商人多诈多奸，人与人交往不能不防，所以很容易互相起疑心。结果“缘”就会由合作转为对立，人情变成了敌意。最好的朋友常常会变成最恨的人，这在商场上也屡见不鲜。相互最仇视的对手，往往原先是最亲密的伙伴。

在日常生活中，朋友之间之所以会走到这一步，往往是双方忽略了“感情投资”的结果。一些人常犯这种毛病：一旦与对方建立了良好关系，就不再觉得自己有责任去保护它了，往往会忽略双方关系中的一些细节问题。例如该通报的信息不通报，该解释的情况不解释，总认为“反正我们关系好，解释不解释无所谓”，结果日积月累，堆积成难以化解的矛盾。

更有甚者，在与对方成为朋友之后，总是一味地向朋友索取回报，而不继续进行感情投资。这主要表现为对别人要求越来越高，总以为别人对自己好是应该的；但是别人对自己稍有不周或照顾不到，就有怨言。这种做法必然会损害双方的关系。

生活告诉我们，友谊之花需要爱心的滋润，否则它会枯萎。朋友之间的“感情投资”应该是经常性的，并非可有可无的。我们从生意场到日常交往，都应该处处留心，善待每一个关系伙伴，要从小处、细处着眼，事事落在实处。

7. 向落魄的人伸出你的手

每个人都喜欢往春风得意、优秀出色的人身边靠拢。与事业有成的人缔结关系，以便可以利用对方那股气势，这是人之常情。然而在这种情况下结识的对象，通常无法培育成可靠的人际关系。伊朗有句谚语：“战场上识勇敢，激怒中识智慧，穷困中识朋友。”因此，向落魄的人伸出援手，可以结交知心朋友。

菲得洛斯曾明确表示，与有权势的人交朋友是不安全的。但是，在对方没落失势时你走上前去，会让对方产生强烈的印象，对你感激涕零，并视你为患难之交。“江南神偷”王同山金盆洗手后一度生活潦倒，此时，一宾馆老板收留他，聘他做保安。王同山感激不尽，工作尽心尽力，为宾馆维护好了环境与秩序，并且逢人便称赞老板的仗义相助。

秦国太子安国君的儿子子楚在赵国做人质郁郁寡欢之时，商人吕不韦帮助子楚，并送赵姬侍奉子楚。同时，吕不韦向安国君的宠妃华阳夫人送礼，让其扶持子楚做了安国君的正式继承人。不久，安国君继秦王位，子楚便坐上了太子宝座，随即又继承秦王王位，称秦庄襄王。吕不韦因为扶助秦王有功，被任命为相国，封文信侯，赏洛阳10万户作为食邑。

在对方陷入遭到众人漠视的状态，连原本交往密切的人也将离弃时，你靠拢上前，必然会令其心存感激。所以许多人都认为，在落魄时伸手援助自己的人，值得与之交往一生。

在别人落魄时，伸手相助，虽然看似会给自己带来一些麻烦，但是雪中送炭却是增进双方友谊，加深双方感情的绝妙机会。这时，即使是你给予别人的滴水之恩，也会产生日后涌泉相报的效果。

在选举时，这种成功者与失败者之间明暗凸显的例子极其常见。在获胜的候选人周围，那些素昧平生的人也纷纷献花鼓掌，落选的候选人却无人问津。仔细分辨，甚至那些选举期间原本支持失败候选人的人，也转而投靠到政敌的怀抱。

对于败选的人，这是十分落魄的时候。选举失败，人人求去，在此时如果有人造访并鼓励失败者，此人必定大感欣慰。倘若再对失败者进行一番诚挚的勉励，“下次选举一定要好好加油”，失败者定会因此产生奋起心。

在这种凄凉的失败情形下我们与失败者建立的关系，可以让人感觉到你是个正直的人，不势利。更何况，当时失败的人，也不会永远处于失败的境地。如果你希望与胜利者结成莫逆之交，就应该在其失败时伸出援手。

在生活中，荣枯盛衰亦是常伴之物。既有逐步攀升的人，也有失足没落的人。得意的人身旁有大批人包围着，可能没有觉得你的存在对于他的重要作用；相反，落魄的人身旁则无人靠拢，此时他的心中或许你的分量最重，你会被其视为可以共患难的挚友。

并且，一度失败的人在某种机缘下再度翻身爬起的例子亦数不胜数。如果等到对方再度成功之际才来攀附交情，则为时已晚矣。就像股票，如能在低价购入潜力股，便可赚钱。在别人落魄时伸出援手，帮忙解难的行为，对赚取好人脉十分重要。

8. 幽默是沟通的润滑剂

幽默是人们互相沟通，化解矛盾，拓展人脉的润滑剂。善用幽默可以减少人们交往中发生的摩擦，使人际关系更加和谐。

美国幽默作家霍尔摩斯有次出席一个会议，他是与会者中身体最为矮小的人。“霍尔摩斯先生”，一位朋友脱口而出，“你站在我们中间，是否有鹤立鸡群的感觉?”霍尔摩斯反驳了他一句：“觉得像一堆便士里的铸币。铸币面值10便士，但比便士体积小。”他以幽默的回答化解了自己的尴尬，也回击了对方。

有的人在与人的交往、沟通中听不得半点“逆耳之言”，只要别人的言语稍有不恭，不是极力辩解就是大发雷霆，其实这样做是十分愚蠢的。这不仅使你无法赢得他人的尊重，反而会让人觉得你不易相处。而采取虚心、随和的态度，以自解嘲的方式缓和一下双方之间的紧张气氛，将使你与他人的合作更加愉快。

曾任美国总统的罗斯福年轻时体力比不上别人。有一次，他与人到白特兰去伐树，晚上休息时，他们的领队询问白天各人伐树的成绩，同伴中有人答道："塔尔砍倒 53 棵，……砍倒 49 棵，罗斯福使劲咬断了 17 棵。"

这话对罗斯福来说可不怎么顺耳，但他想到自己砍树确实和老鼠造巢时咬断树根一样，自己不禁也笑着默认。

林语堂说过："智慧的价值，就是教人笑自己。"在现实生活中，你拿自己的错误开开玩笑，使人开怀大笑，便已铺下了友谊之路。具有幽默色彩的欢笑是你与别人进行内心沟通的捷径。

幽默往往通过大家同笑的方式弥补人际间的思想鸿沟，架起感情沟通的桥梁，增加人际间的信任，化解冲突。

幽默是解决各种矛盾和问题的最好办法。

约翰是一个极富幽默感的警官，无论什么案件或难题，在他手中总能迎刃而解。所以，在警署里他总是受到同事们的青睐。

星期日，在闹市区的一个路口，有个持不同政见者正在发表演讲："如今的政治腐败透顶了，我们应把政议院和参议院统统烧了！"由于他的演讲，行人越聚越多，堵塞了交通，警察赶到时，秩序大乱。正在无从下手之时，约翰急中生智大叫一声："同意烧参议院的站到左边，同意烧政议院的站到右边。"只听"刷"的一声，人群顿时分开，道路豁然畅通。

有一次，萧伯纳不幸在伦敦街头被一个骑自行车的人撞倒，虽然没有受伤，但也让他摔得够呛。骑自行车的人立即扶起作家，喃喃地向他道歉。然而萧伯纳却出人意料地打断了他，对他说："先生，您比我更不幸。要是您再撞得重一点，就可以作为撞死萧伯纳的好汉名垂史册啦！"幽默给了萧伯纳惊人的自制力，萧伯纳的幽默也使双方摆脱了尴尬。

一句得体的幽默，它所带来的感情冲击将会有足够的能量来消除人际间的误会和纷争，能够让人际关系变得更加和谐融洽。因此，幽默也是一种富有感染力和人情味的沟通艺术。

真正的幽默可引来会心的一笑，从而消除令人十分尴尬的场面。

一次，当一位朋友来拜访林肯总统时，正有一队士兵在门外等候林肯训话。

林肯请这位朋友随他外出，并继续和他谈话。当他们行至回廊时，军队齐声欢呼起来。那位朋友这时本应该识趣地退开，但他并没有意识到这一点。于是，一位副官走到那人面前，嘱咐他退后几步。他这时才发现自己的失态，窘得满脸通红。但是，林肯却立即幽默地说："白兰德先生，你得知道他们也许分辨不出谁是总统呢！"在那难堪的一瞬间，林肯用他的机智十分巧妙地化解了这一窘迫的局面。

其实，在生活当中，我们每个人都可变得幽默一些，它并不是天才、高智商、喜剧演员的专利品。只要你学习让嘴角往上翘，换个新鲜角度欣赏事物，即可学会幽默，走出尴尬。

要善于使用幽默的技巧，就需要具有一定的智慧。一个才疏学浅、举止轻浮、孤陋寡闻的人是很难生出幽默感来的。要学会幽默的艺术，必须具备以下几个方面的能力：广博的知识和深刻的社会经验；敏锐的洞察力和丰富的想象力；高尚优雅的风度和镇定自信、乐观轻松的情绪；良好的文化素养和语言表达能力。

据说萧伯纳少年时已很懂幽默，人又聪明，但是由于他滥用幽默，出语尖酸，人们听他说过一句话，便有"体无完肤"之感。有一次，一位朋友在散步时对他说："你现在常常出语幽默，不错，非常风趣可乐。但是大家常常认为，如果你不在场，我们会更快乐，因为我们都感到自己比不上你。有你在，大家便都不敢开口了。你的才干确实比我们略胜一筹，但这么一来，朋友将逐渐离开你，这对你又有什么益处呢？"朋友的话使萧伯纳如梦初醒，从此他改掉了滥用幽默的习惯，而把天才发挥在文学上，终于建立了他在文坛上的极高地位。

幽默是人际交往的润滑剂。学会恰当地运用幽默，会使人们之间的沟通更加顺利，人际关系更加和谐。幽默是我们生活的调味料，它使我们的生活更加有滋有味。但是，再好的调味料都不可滥用，就好比用盐，用一点可以使菜味鲜美，但用得太多便会让人难以下咽。在沟通时，幽默要运用得当，方可发挥它的魅力。

9. 学会向别人说“不”

许多时候，人们在工作中总要面对朋友、同事、客户与主管的许多要求。有些要求可以满足，但有些要求因碍于公司规定或其他原因必须拒绝。但是，没有人喜欢被拒绝。直接拒绝别人，轻则影响双方往后的合作与相处，重则让人觉得你不够大方。因此你在拒绝别人时先不要急切、直接地表达自己的立场。马根说过：“说‘不知道’也比说谎好！”所以，尤其不能说谎。

为了最大化地降低拒绝所产生的负面效应，你需要掌握一些沟通技巧，秉持“理直气和”的原则，既不伤害对方的自尊，又能婉转地拒绝。

首先，说“不”之前先倾听。

拒绝对方之前先要认真地倾听。比较好的做法是，请对方把处境与需要讲得更清楚一些，自己才知道如何帮他。接着表示你了解他的难处，若是你易地而处，也一定会如此。

倾听有好几个意义。倾听能让对方先有被尊重的感觉，在你婉转表明自己拒绝他的立场时，就能够有效地避免伤害他的感情，不会让人产生你在应付的错觉。

如果你拒绝对方的原因是因为自己的工作负荷过重，倾听可以让你清楚地界定对方的要求是不是你分内的工作。

有时候听了他的意见，你会发现协助他有助于提升自己的能力并增加经验。这时候在兼顾目前工作的原则下，牺牲一点自己的休闲时间来协助对方，对自己的职场生涯绝对有帮助。

其次，说“不”的态度要温和而坚定。

倾听完了，确定自己不能帮助对方时，就要温和而坚定地说“不”，而不要含糊其辞，更不能因为碍于面子而违心地先答应对方。或许你怀着侥幸心理，认为自己可以帮忙，或者你认为他自己能解决，到时候就不会找你麻烦了。这种想法千万要不得。试想，如果你先答应，但到时候不能遵守诺言，而且也耽误了对方寻找别的途径，你又如何面对你的朋友呢?到时候一切已成定局，恐怕你怎么道歉，也无法挽回什么，尤其是你们之间的感情！所以，当你仔细倾听了朋友的要求、并认为自己应该拒绝的时候，说“不”的态度必须是温和而坚定的。

再者，婉转地表达拒绝。

你在拒绝对方之前，可以首先倾听对方的要求，以便针对他的情况，建议对方如何取得其他人或组织适当的支持。若是能提出有效的建议或替代方案，对方一样会感激你，甚至在你的指引下找到更好的解决办法。

同样是药丸，外面裹上糖衣的药就让人容易入口。同样，委婉地表达拒绝也比直接说“不”让人更容易接受。

当对方的要求有悖于公司或部门规定时，可以委婉地表明自己的权限；在自己爱莫能助时，要让对方清楚你的处境，说明如果耽误工作会对公司与自己产生不利影响。

若是对方因为你的拒绝而表现出愤怒或做出威胁时，你也不需要立刻回应，而要多用同情心来缓和他的不满与挫折感。

同时，多一些关心。

你在拒绝对方后，隔一段时间你还应该主动地去关心对方的情况以示诚意。

有时候拒绝是一个漫长的过程，对方会不定时地提出同样的要求。若能化被动为主动地关心对方，并让对方了解自己的苦衷与立场，则可以消除拒绝带来的尴尬与负面影响。当双方的情况都得到改善时，就有可能满足对方的要求。

在拒绝别人的过程中，除了技巧，更需要发自内心的耐性与关怀。若只是敷衍了事，就会让人觉得你不是个诚恳的人，对人际关系伤害更大。

最后，适当地转移目标。

其实，大凡来求你办事的人，都是相信你能解决这个问题，对你抱有很高的期望值。一般而言，对你的期望越高，越是难以拒绝。在拒绝要求时，倘若多讲自己的长处，或过分夸耀自己，就会在无意中抬高了对方的期望，加大了拒绝的难度。如果适当地讲一些自己的短处，就降低了对方的期望，在此基础上，抓住适当的机会多讲别人的长处，就能把对方的求助目标自然地转移过去。这样不仅可以达到拒绝的目的，而且使被拒绝者因得到一个更好的出路，由意外的成功所产生的愉快和欣慰心情，取代了原有的失望与烦恼。

[第七章]

RENMAIDEGUIJI

魅力——用诡计沟通心灵的渠道

在人的一生中，魅力是成功的理由。当你在一个有魅力人的面前，他的一颦一笑，一举一动，都深深地吸引着你。你几乎无法拒绝他的任何要求，不管这些要求是否合理，也许事后你会为此而后悔沮丧，但你心里明白，哪怕是事情重来一次，你的选择还是一样。对于有魅力的人来说，不必再花费心思去找什么理由了，魅力本身就是理由，魅力就如魔力。

1. 魅力赢得他人的欢迎和赞美

魅力，一个充满神秘诱惑的词，它会令你的一言一行时刻牵动着周围人的目光，会使人觉得与你相处是一种难以抗拒的舒心享受。闪耀着魅力光环的人，不一定有价值连城的华丽衣着，也不一定有惊世骇俗的美丽容貌，但一定有一种闪亮的自信和良好的修养，让人痴迷、倾慕。

那么，什么是魅力呢？魅力是人和事物具有的能影响或吸引人注意的力量。而人的魅力就是人特有的引人注目的良好形象和高雅气质的综合体，是影响改变别人心理、态度与行为的能力。我们常说的魅力，一般是指形象魅力——就是指一个的形象所具有的对别人的吸引力、感召力、感染力、凝聚力。一个妩媚动人的美女，使得无数男人神魂颠倒，其“魅力”可谓大矣，可是当我们发现这个女人既贪婪又邪恶时，她的“魅力”就会顿时“云消雾散”，无影无踪。

人的形象魅力的基础是其内在特征。内在特征包括两方面内容：其一是人格魅力，是由人的形象汇同精神、信仰、修养、学识、品行等综合产生的，令人敬仰、感动、追随的动力。其二是知行魅力，即一个人具有的学识、智慧和才华。

形象魅力的外部特征是一个人的外在形象，包括仪容、仪表、体态、装饰等等。形象魅力的外部特征是丰富多彩、千姿百态的，其核心是“动人”，就像知行魅力一样具有吸引力、感召力、诱导力等等。

在人的一生中，魅力是成功的理由。当你在一个有魅力人的面前，他的一颦一笑，一举一动，都深深地吸引着你。你几乎无法拒绝他的任何要求，不管这些要求是否合理，也许事后你会为此而后悔沮丧，但你心里明白，哪怕是事情重来一次，你的选择还是一样。对于有魅力的人来说，不必再花费心思去找什么理由了，魅力本身就是理由，魅力就如魔力。

你越是成功，就越有魅力；越有魅力，就越易成功，可以说魅力与成功是相互促成的。有魅力的人，所向披靡。当然没有魅力的人，有时做事也会成功，但这是做事成功，而有魅力的人做事成功是在成就自己。

只有成功一次接一次地到来，你才会魅力四射，长盛不衰。一旦有了超强的魅力，你会发现，成功已成为你生命中的一部分，并成为你自己的一种习惯，受人拥戴，而没有魅力的人，只会惹人嫉妒。

形象是一个人留给他人的印象总和，是通过人的相貌、衣着、语言、性格、气质、心态来综合体现的。由于我们都是这个世界上独一无二的人，我们每一个人的形象也是这个世界上独一无二的，无论好坏，都充满着独特的个性。因此，形象是我们每个人向世界展示自的窗口，向社会宣传自己的广告，向别人介绍自己的名牌。

别人从我们的形象中获取的印象，而且这个印象又影响着我们对他们的态度和行为，同时每个人都在这个最基本的互动过程中追逐着自己人生的梦想，实现着生命的价值。让形象的魅力融入我们的人生吧。形象对我们而言，可以展现自己热情进取的生活态度和自重自信的审美修养，并通过美丽的外表及行为来塑造自己美丽的内心；对他人而言，能够较容易赢得他人的信任和好感，同时吸引他人的帮助和支持，有助于营建良好和谐人际关系，从而促进自己事业的成功，使自己的人生顺达，更具魅力。

良好的形象是美丽生活的代言人，是走向人生更高阶梯的扶手，是进入成功殿堂的敲门砖。保持良好的形象，既是尊重自己，更是尊重别人，良好的形象是成功人生的资本。好形象不仅是外表的美丽，更重要的是内在素质和修养的体现。只有心灵美才是真正的美，才是永久的美，才能使你的个人形象散发出真正迷人的魅力。树立好形象要注意：

好形象来自好仪容。要正确认识自己的形象，要有塑造自己形象的意识，自己欣赏自己，对自己要充满信心。仪容美不仅来自天生的生理好条件，而且来自后天的自我塑造、美化与修养。

大多数人并非天生丽质，甚至多少存有缺陷，这就要求我们懂得仪容修饰的重要性。要修饰，首先要充分认识自我，这样才能扬长避短，设计和塑造出具有独特个性的形象来；其次，要掌握一定的修饰、化妆技巧，比如清洁面部、改善肌肤、护理秀发、保护双手的方法等等。只有这样才能装扮出真正靓亮的自我，令人感到亲切、整洁、自然，一见难忘。

仪容美的更高层次是人的内在美，只有经过不断学习，提高文化艺术修养和思想道德水平，才能培养出高雅的气质和美好的心灵，才能秀外慧中，表里如一。这样令人赏心悦目的好仪容才能体现你的自尊，赢得他人的欢迎和赞美。

2. 人靠衣装马靠鞍

要注意好自己的着装和服饰。俗话说："人靠衣装马靠鞍"。合体的装束使人倍感清爽、利落，新颖别致的服饰会使你更加精神抖擞、楚楚动人。得体的服饰不仅可以展示自的个性风采，反映人的精神面貌，而且还可以在社交中展现个性魅力、提高自信心。

服饰是一门高深的艺术。一个人穿什么，怎么打扮绝不是随随便便的事情，它必须与个人的性格、气质、职业、年龄以及环境相协调，必须符合社会礼仪规范和时代审美观念。要把服饰当做一种无声的语言，用服饰来展示自己的身份、涵养、个性爱好和审美情趣等。把自己装扮得风流倜傥、高雅大方，用美好的形象征服他人，让自己永远充满迷人的魅力。

拥有一副好身材，能为自己的形象增辉添色。追求形体美，塑造好身材，获得众人青睐的健康形体，应是每个追求成功人士的普遍心态。合理科学的饮食是塑造好身材的基础，因此，我们必须养成科学饮食的好习惯，注意营养搭配，吃出好身材来，同时，生命在于运动，健美的身材来自于锻炼。

人的身体器官具有很大的可塑性，可以经过科学锻炼来有目的地使其发生变化，坚持长期的科学锻炼，能使人的整个身体趋于协调和健美。只要你坚持合理的饮食和科学的锻炼，不仅能延年益寿，永葆青春，还能在健康的基础上塑造出一副令人羡慕的好身材，为你的生活和社交增添魅力的色彩。

要树立好形象，还必须使自己的站、立、蹲、坐、走等基本姿态优雅、端庄。从一个人优雅的举止里可以看到一种文化教养和文明程度。要按照社交礼仪的有关规范进行严格训练，并且养成姿态端庄的好习惯，使之终身受益。

在人际交往中，手势、表情、眼神、微笑等这些举止是非常重要的体态语言，熟练运用好这些体态语言，做到举止有度，举止文明，举止得当，举止潇洒，将使你的体态之美锦上添花，为你的社交平添无穷魅力，让人终身难以忘怀。

要树立好形象，必须有好谈吐。古人云："一言可以举邦，一言亦可丧国"。可见语言的威力是巨大的。掌握好语言的艺术，炼就"妙舌生花"、"口似悬河"的好谈吐，不仅能够流畅地表达自己的思想，更能在社交中收到良好的效果。语言艺术是一门高深的学问，要想娴熟地驾驭它，就必须经过有效的学习训练。

首先要懂得"言为心声"，语言是一个人内部思维情感活动的外在表现，只有具备深厚的内在底蕴，语言艺术才能成为有源之水、不朽之木。其次，要针对不同的对象、环境和目的，寻找不同的话题，运用不同的技巧，把握住语言的精髓。谈吐要新颖、幽默和风趣。再次，体态语言能增加人的语言魅力，在生活和工作中，恰当运用好体态语言，能使你的谈吐卓尔不群，引人入胜。

要树立好形象，还要有好礼貌。礼貌是衡量一个人道德修养和文明程度的重要标志，有礼貌是现代人士的处世根本，是成功人士的潜在资本。在待人接物中，彬彬有礼、和气谦恭的人会赢得众人的喜爱和尊敬。

讲究礼貌对增进和他人的情感、赢得他人的尊重，为自己营建出良好的人际关系，对人而言，可以使对方感到暖意盈怀，如沐春风，从而对你更加友善和信任；对社会而言，有助于净化社会风气，促进社会文明、社会公德的建设。礼貌待人的核心是对他人的尊重。

培养这种美德，首先要树立约束自己、尊重他人的观念，其次要提高自身的文化素质和道德修养，学习有关文明礼貌的知识，并注意学以致用。讲究文明礼貌，赢得别人尊重的文明风度，不仅能增添你的形象魅力，还能使你在事业成功的道路上如鱼得水。

塑造好性格是积聚人脉的形象资本。莎士比亚说过："性格决定人的命运，不同的性格塑造着不同的人生"。每个人要想拥有好命运，那就必须首先塑造好性格。性格是个人稳定的精神行为特征，是长期的生活经验在心灵中的沉淀积累，它具有较强的稳定性。对内而言，性格影响着一个人看待问题和解决问题的思维方式以及寻找机遇和把握机遇的能力；对外而言，性格通过语言行为在社交互动中表现出来，影响着别人对自己的态度。

由此可见，一个人的性格如何，无疑对人生起着至关重要的作用。性格虽然具有较大的稳定性，但也可以自改变、自塑造、自培养。改造性格，需要通过内省，了解自己性格的优点与缺点，以便决定改变方向。只要你有理想、有壮志，在日常生活中坚持不懈地努力扬弃内在的自，就一定能够塑造出完善刚柔相济的好性格。

虚怀若谷、宽容大度的好脾气是树立好形象不可缺少的态度。

好脾气直接影响着一个人的人际关系的好坏。我们知道，与脾气好的人相处，感情容易融和，心情舒畅，这样的人就像磁石一样，把别人吸引到自己的身边来，同时赢得别人的喜爱和帮助，他的人生境遇将能够左右逢源，处处顺风，与脾气坏的人相处，人的情绪就会变得消沉，心里就会产生紧张，这种人令人讨厌，幸运和机遇就会离他远去。如果你渴望生活快乐和人生成功，树立好形象，就必须注意控制你的脾气，塑造好你的秉性。

3. 人并不是因为美丽才可爱，而是因为可爱才美丽

什么是气质？从心理学上看，气质是人们在进行心理活动时或在行为方式上表现出来的强度、速度、稳定性和灵活性等动态性的心理特征。从美学的角度来看，气质指的是一个人特有的相对稳定的风格、风度及风貌，是由人所处的环境及其心理因素决定的。

然而每个人都有自己的审美观点，你有你的看法，有你的眼光，气质可谓是仁者见仁，智者见智，无法统一，仿佛是一个谜，但气质美的人一定有魅力，一定是生活和工作中的强者。这个道理是家喻户晓的，且气质美是我们生活中不可缺少的重要内容。

气质是以人的文化素质、文明程度、思想品质为基础的，同时还要看对待生活的态度。

一个怀有远大理想和高雅气质的人自然也是一个谦虚朴实的人，知荣明耻，表现为诚实守信、勇于进取；

在现实面前，能把自己的愿望和事业结合起来，认真去实践，并在实践中得到充实，精神振奋，神采飞扬，给人以真诚，生气勃勃的感觉；

在遇到困难挫折时，总是孜孜不倦，锲而不舍，给人以自强不息的感觉；

在生活中永远展露迷人的微笑，笑对人生、笑对挫折，用你的热情和友爱去感染身边的每一个人，也感染你自己，用你自然的微笑去抛洒爱的雨露，去化解人间隔阂，消除心理的障碍，在和睦与和谐的人际关系中你会感觉到天空分外蓝，生活无限好，而你的魅力便会悄然绽放。可以说气质影响着情感，反过来情感又滋润着气质。

其实，魅力就是一种自然流露的内在气质，是自信的表现，是智慧的

渗透，是修养的结晶。人的魅力不仅来自美的外貌形象，而且主要来自人的内在高雅气质。漂亮的外貌，自然值得庆幸，但并不代表永远有魅力，因为人的相貌是天生的，会被流逝的岁月夺去光彩，但是气质却会随着自身修养的完善和自我价值的丰富，如同陈年佳酿一般，永远散发着迷人的幽香，陪伴着你走进成功。

通过美容、化装、仪态服饰、健身虽然都能把人包装得漂亮，但要使气质到位的最好方法是丰富和完善自身，包括知识、智慧、谈吐……看看那些成功的有魅力的人吧：有的朴实、有的高雅、有的聪慧、有的粗犷、有的恬静、有的不羁、有的潇洒、有的严谨、有的骄羞、有的温柔……他们之所以能成就别人无法企及的大业，都是能“闲世人所闲事，方能忙世人所忙事”，这里所谓的“闲事”就是读书。读书可以增长见识、提高文化素养，陶冶性情，使人情感更加细腻，举止更加优雅，气质更加深沉。淡泊以明志，宁静以致远，非读书不能达。读书既可以改变一个人的气质，又可以培养一个完人。

英国著名的思想家培根说过：“读书足以怡情……读史使人明智，读诗使人灵秀，数学使人周密，科学使人深刻，伦理使人庄重，逻辑修辞之学使人善辩。凡有所学，皆成性格”。书能影响人的心灵，而人的心灵和人的气质是相通的。书能教你宽厚、善良，使你生出纯真、热情的气质；书能教你谦虚谨慎，持重内秀，使你生出成熟、稳健的气质；书能教你自强不息，不畏艰难险阻，使你生出刚毅、坚定的气质。

一个人要想把自己打扮得漂亮、可爱，就去读书吧！即使是长得不漂亮或身带残疾的人，只要去读书，读好书，就能补天然之不足，铲除一切心理障碍，丑也能变美。长得丑不要紧，只要有了美的心灵，必然会产生美的可爱气质，有了美的气质，就能“一俊遮百丑”，展现出超俗的魅力来。托尔斯泰说过：“人并不是因为美丽才可爱，而是因为可爱才美丽”。

总之，魅力并不只是漂亮、潇洒的年轻人的专利，也不只为矫健、豁达的中年人所独有，更不会与稳重、睿智的老年人无缘。魅力是多方面的，不要刻意去模仿别人的风度，因为你有你的形象和气质，如果把别人的魅力完全套用在你的身上，未必还有原来的光彩，“东施效颦”是不可取的。树立你的雄心壮志，开发你的聪明才智，拓展你的事业天空，自信自然做最独特的自己，把你良好的外在形象和高雅的内在气质有机结合在一起，魅力会像玫瑰的芬芳般从你的身上散发出来。

4. 健康的社交心态是热情、开朗、豁达

这不仅有益自身健康，也是社交活动的重要条件。与人交往时，你如果待人冷若冰霜、锱铢必较，那么不但达不到预期的社交目的，反使自己增添烦恼，也扫了别人的兴；如果你以热情、开朗的面目出现在大家面前，相信情况就不同了，你会很轻松地吸引对方，使对方觉得你容易交往，你自己也会因此变得轻松愉快，没有了精神压力，这样既达到了目的，又融洽了双方的感情，自身也乐在其中。所谓豁达也就是宽容，例如别人有意或无意地干扰了你时，你能表现出豁达大度，牺牲自己的一点利益，为别人提供一点方便。

其次，要开放自己、接受他人。开放自己是成功社交的必要条件，因为只有你向别人开放自己，别人才会也向你开放，当你对别人真诚的时候，别人也自然会回报你以真诚。只有敞开自己，热情地欢迎别人走进你的世界，才能缩短彼此的距离。

再者，还要尊重自己和尊重他人。如果自己不尊重自己，比如言而无信、行为不检、言行粗俗等，别人也不会看重你了。

根据问卷调查发现：人们喜欢与有见解、遇事果断、应变能力强的人交往；而那些固执己见、刚愎自用、听不进别人忠告的人则让人疏远。所谓尊重他人，就是要在平等的基础上进行交往，不凌驾于他人之上，不专横压制。如果你不尊重他人，自然也不会得到他人的尊重，别人也不愿意与你交往。

另外，要有幽默感。幽默是种润滑剂，它可以使人际关系变得和谐、富有人情味，让人们在一种轻松愉快的气氛中进行社交。假如你很有幽默感，那么，你的言谈举止就能够吸引别人，应当注意的是，幽默要适度、得体，太过分就会给人油嘴滑舌的感觉，使人反感。

在人际交往中，不同性格、不同修养的人，注视的方式也各不相同。因此，有必要了解各种注视方式的利弊，并在社交时正确运用。

不要直盯着对方看，使对方有压迫感。初次见面或不太熟悉的男士用这种目光看女士，会使女士感到很不自然，甚至反感。如果女士用这种目光看男士，则有失稳重，容易使一些男士产生杂念。与对方讲话，眼睛却望着别处，容易使对方产生误解，以为你不愿意与他讲话。在与对方讲话时目光常常是四处游移，给人一种心神不定的感觉，十分不利于双方谈话。

不论是哪一类型的人，在与人相处中，最重要的一点还是要有友爱、谅解、体贴的态度，以诚待人，这才是最好的“礼貌”。

人的美就如自然美、艺术美一样，具有一种不可抗拒的吸引力。这是因为人的美能给他人心理上的愉悦感受，使人感到赏心悦目。因此我们也就愿意与其接近了。当然，这里所指人的“美”包含外在美与内在美两方面。最初吸引人的往往是外表的美，随着双方接触的频繁，内在美便超过外表美，产生出经久不衰的吸引力。

不言而喻，凡是新奇的东西就能吸引人。不过，这里的“新奇”是指新观念、新思想、广博的知识。这些能使人感到兴奋，感到与这样的人交往，可以使自己变得更充实——知识上充实、精神上充实、生活上充实。

相似感往往来自彼此某一方面的认同感，因为相似，才有共同的语言；因为相似，才会产生彼此交往的欲望。相似感使人们更容易迅速地亲近、交流，也更容易成为坦诚的朋友。

一般来说，在人际关系中最不受大家欢迎的交往模式，大致可分为以下几种：

“披纱型”交往：这样的人在交往中往往封闭自己的内心，他们大多对人外热内冷，处处提防，与别人相处，常常只是圆滑地应付，心口不一，仿佛披上了一层厚纱。

“势利型”交往：这种人对周围的人，凡对于自己有用者，则交往，反之，则疏远之；而其交往之热情，则与对于自己有用程度成正比。这种人，在无求于他人时十分冷淡；有求于他人时，则不惜讨好巴结，这种“势利型”的人会受人讨厌是理所当然的。

“变色型”交往：见什么人说什么话，投其所好，八面玲珑，虽可一时使人对他产生好感，但时间一长，人们就会对他不屑一顾。因为当别人发现他从不说真话，自然不会喜欢与其交往了。

“哈哈型”交往：凡事不讲原则，当他们与人意见不一时，就采取“今天天气……哈哈哈”的回避态度，故被称为“哈哈型”交往。为求明哲保身，多数人的做法就是我们的行事指南，东风来，随东风倒，西风来，随西风倒。什么良心、原则，全都不放在心上。

上述四种常见交往的模式往往是相互交叉的。比如，“披纱型”交往常具有“哈哈型”特点，“势利型”交往多有“变色型”的本事。然而，不论以上哪一种方式交往，其重点都是不相信别人，只希望利己，自然不会受人欢迎。

5. 记住别人的名字，做一个好的听众

以下为日常生活中常会遇到的状况：

1. 当有人来你工作的场所找人时，等到对方走后，如果被找的人不向你介绍来人，不要问来人是谁，同时也不要谈论来人的长相、言行、穿戴等。

2. 当你接到他人来电时，如果本人在，千万别问对方是谁、哪个单位的，应立即请本人接电话；当他们对话时，你不要在旁边有意无意地细听，等挂上电话后，也不要追问对方是谁，说的什么事。

3. 当对方在写私人信件时，你不要在他身后走来走去，或打听给谁写信等。如果对方刚接到寄来的信件拆看时，你也不要凑过去，也不要问“谁写来的?”、“什么事?”之类的话。

4. 当你在路上遇到熟识的人正与情侣散步或攀谈时，你与对方打完招呼后，不要唠叨个没完，东问西问。

5. 当你想挽留客人和朋友时，你千万不要以扣留他人的行李和车锁钥匙等来表示自己的好意，这样会适得其反。

6. 当你出差办事到了该吃饭的时候，不要突然到亲戚或朋友的家中，因为这样会扰乱对方的饮食计划，并使对方措手不及。

应酬需要场所，而且不是随意的场合，因场所的不同而收效各异。例如，青年男女谈情说爱，就要到僻静的公园或小河边上，所以，想要得到理想的应酬效果，就必须物色一个适宜的应酬场所。

以下根据不同场所分别说明：

1. 办公室：这里是严肃谈公事的地方。一般上下级之间的应酬或接待来访者，在这里进行较合适。因为在办公室谈事情给人较慎重的感受。

2. 家里：在家里的心情不同于办公室，由于办公室总给人一种有很多事要办的感觉，不能放松地和人谈话。因此，如果下属想请他的上司解决某种困难，最好到上司的家里去，上司多会平静、耐心地听你倾诉苦衷，有时，朋友间为了解除某种误会，也要多到家里去协调，一般效果都很好。

3. 车上：例如一些采访记者，在采访一般人时，往往利用下班回家坐车的时间。因为是下班时间，受访者在车上心情较轻松，无事可做，一般会愿意接受记者的访问。

4. 餐桌上：许多人谈生意，往往主动的一方就要请对方吃饭。也许是同餐吃饭，能把双方的关系拉近了的缘故，谈判也会有明显的进展。因此，餐桌是应酬的一个很重要的场合。

当然，应酬的地点不止以上所举，还有很多。最重要的空间选择的原则是根据应酬的内容和对象而定。

人与人交往，最基本的秘诀是“知己知彼，百战百胜”，以下即为基本观人术：

1. 活泼天真型：这种人思想活泼，兴趣广泛，说话无拘束，但容易受别人的影响和支配。

2. 机敏潇洒型：这种人反应敏捷，言辞得体，善于与不同种类型的人周旋。

3. 儒雅博学型：这种人态度严谨认真，与人交谈从容不迫。

4. 豪爽豁达型：这种人心直口快，但讲话不注意艺术和效果。

5. 温和稳重型：这种人处世谨慎，言辞委婉。

6. 轻佻自夸型：这种人举止轻浮，好表现自己，喜欢自夸自大，交谈中喜欢打断别人的话。

7. 虚伪矫饰型：这种人工于心计，热情有余而真诚不足。

8. 刻薄势利型：这种人见风转舵，喜欢在背后议论别人。

9. 古怪孤僻型：这种人反应迟钝，不善于交际，对知心朋友才会倾吐真诚。

为获得更多的朋友，应该遵循以下信条：

1. 对人真诚并感兴趣。最有效的结交朋友的秘诀是对别人真心诚意地感兴趣，如果老是在别人面前表现自己，只想别人对我们感兴趣，我们将永远不会有真诚的朋友。

2. 给人以真心的微笑。微笑表示喜欢你、很高兴见到你、使人快乐的是你。不过，这必须是一种真正的、发自内心的、令人感到温暖而又愉快的微笑。那种不真诚的微笑是骗不了任何人的。

3. 记住别人的名字，而且很轻易地叫出来，等于给别人一个巧妙而有效的赞美，因为大多数人对自己的名字最感兴趣。

4. 做一个好的听众。跟你谈话的人，对他自己的需求、问题，要比对你的需求和问题感兴趣千百倍。诚心诚意地听别人讲话，正意味着你能给予他最大的赞美。这种赞美是暗示性的，也是那些希望向你倾吐心曲的人们迫切需要的。

6. 人脉交往中的一些沟通技巧

现代交往中，大家都明白一个常识“十里不同风，百里不同俗”，不同行业有不同的要求，站在不同的角度看问题，结果可能大不一样。例如从事外事工作的人有一个特点：说话比较中庸，如果你问他们“这场球赛你认为谁会赢?”他们不会告诉你谁会赢或者谁会输，而是告诉你都有胜的可能，不偏不倚，模棱两可。这就是职业使这些人形成的语言特点。

2000 年 10 月美国总统大选，当时中国的一名知名教授赴洛杉矶访问。刚下飞机，记者就过来采访他，“请问×教授，你认为美国总统大选谁会获胜?”当时是官方活动，不能信口开河，如果这位教授按照记者的思路，回答谁会获胜，一旦回答错误，就是一件很尴尬的事情。

这时，就应该使用外交辞令了。“首先，要感谢各位记者对我们的关注，此外，相信美国人民是受过良好教育的人民。美国人民是强调独立自主的一个民族，所以这次美国总统大选美国人民一定会做出符合自己意愿的选择，而且相信不管谁当选美国总统都会促进中美关系的可持续发展。谢谢，我的话完了。”这样的回答，无论最后谁当选，这位教授都不会落入尴尬的境地。

交换名片时，从以下四点可以说明名片持有者的地位、身份以及国内外交往的经验和社交圈的大小。

首先看名片是否经过涂改。名片宁可不给别人也不涂改。名片如同脸面，不能随便涂改。再看是否印有住宅电话。在社交场合要有自我保护意识，私宅电话是不给的，甚至手机号码也不给。西方人讲公私有别，特别在乎这一点，如果与他初次见面进行商务洽谈，你把你家的电话号码给他，他会理解为让你到他家的意思，觉得你有受贿索贿之嫌。三看是否头衔林立。名片上往往只提供一个头衔，最多两个。如果你身兼数职，或者办了好多子公司，那么你应该印几种名片，面对不同交往对象，使用不同的名片。最后看座机号是否有国家和地区代码。如你要进行国际贸易，座机号码前面应有86这一类的国际长途区号，如果没有，那么说明你没有国际客户关系，只在本区域内活动。

作为一个商业人士，需要面对来自不同行业的人，难免会众口难调，虽然尽力解决问题了，但也未必尽如人意。这时，就需要我们抓住主要矛盾，找到解决问题的突破口。主要矛盾解决了，次要矛盾也就迎刃而解了。观念决定思路，思路决定出路。有什么样的思想，就有什么样的工作状态。

打电话的时候谁先挂？说到这个问题，最容易出现的一个错误回答是对方先挂。假定打电话双方都忠实于这一规定，双方都等着对方挂，结果只能是占用了宝贵的时间，说了一些没用的闲话。因此这一方式没有可操作性。打电话时谁先挂，交际礼仪给了一个规范的做法：地位高者先挂电话。

如果你与董事长通话，不管董事长是男是女，是老是少，下级尊重上级是一种职业规范，此时应该是董事长先挂电话；如果是总公司来电话，不管总公司打电话的人是什么级别，他代表了上级机关，此时应该是总公司的人先挂电话；如果是客户来电话，客户是上帝，应该让客户先挂电话。

出入有人控制的电梯，陪同者应后进去后出来，让客人先进先出。把选择方向的权利让给地位高的人或客人，这是走路的一个基本规则。当然，如果客人初次光临，对地形不熟悉，你还是应该为他们指引方向。

出入无人控制的电梯时，陪同人员应先进后出并控制好开关钮。酒店电梯设定程序一般是30秒或者45秒，时间一到，电梯就走。有时陪同的客人较多，导致后面的客人来不及进电梯，所以陪同人员应先进电梯，控制好开关钮，让电梯门保持较长的开启时间，避免给客人造成不便。此外，如果有个别客人动作缓慢，影响了其他客人，你在公共场合不应该高声喧哗，可以利用电梯的唤铃功能提醒客户。

敞开你的心。真正的友谊不是单方面的奉献，而是双方面的相互奉献。助人为乐。白天的太阳虽然灿烂，却不如黑暗中的一丝烛光更让人珍惜，在朋友最困难的时候，请给他一丝温暖。尊重你的朋友，不懂得尊重朋友的人肯定不会拥有知心朋友。不要任意伤害你的朋友，不要在别人面前讲朋友不愿讲的隐私。耐心倾听朋友的诉说。

当朋友不顺心的时候，他会找你诉说，你只要做一名忠实的听众，不加评论地耐心倾听。如果连这一点耐心都没有，你就不可能拥有知心朋友。懂得什么是真正的友谊。这一点很重要，因为有些人是看中你的钱财或其他原因才向你亲近的，所以交朋友时要擦亮眼睛。患难中的朋友才是真正的朋友。

真正的友谊不是依附。在友谊的水平线上，朋友间都是平等的，不存在主宾的关系。不要为了使朋友满意，而去做你不愿做、也不应该做的事。如果这样，那他就不是你真正的知心朋友。

友谊不需要勉强。当你发现你与朋友不能志同道合时，就不要极力去维持这已不存在的朋友关系。这对你和你的朋友都有益。

[第八章]

RENMAIDEGUIJI

贵人——用诡计开创财富源泉

要善于从别人的需要看出自己肩负的责任。他人的需要就是你的机会，先不要谈做生意，首先必须建立信用，让他人信任你，相信你，你就有做不完的生意，所以，信用就等于生意，信用就是源源不断的现金流。

1. 依靠人脉资源傍大款

在一次电视节目录制中，有人提到了华谊兄弟上市后王中军财富暴涨的问题，现场爆发出一阵会意笑声。王中军本来一直端坐着保持严肃姿态，但那丝来自心底的笑意，控制不住从嘴角边洋溢开来，直到露出了一排齐整的牙齿。

王中军不是一夜暴富的愣头青，许多年前他就已经过上了开宝马住别墅的富豪生活，传说他曾经买下两套别墅，然后拆除其中一套改为花园。他的得意源自华谊兄弟长期以来资金饥渴状态的终结，“电影圈以前很缺钱。”他说，“电影投资周期长，回报慢，而且风险巨大，华谊兄弟在很长时间内都和其他电影公司一样处于缺钱状态。”

其实，在影视业还处于“很缺钱”状态的上世纪 90 年代末，从美国归来，手里捏着千万资金的王中军，一度堪称“大款”，于是他在 1998 年被朋友拉着投资了 3 部电影，两部赔钱，一部赚钱，赔钱的是《鬼子来了》和《荆轲刺秦王》，赚钱的是《没完没了》。华谊兄弟是最赚钱那部的主投资商。此役让王中军自信大涨，开始全力进入电影业。由于签署了保障条款，两部电影赔的钱，王中军也在两三年后从那两部电影的主投资商手里陆续收了回来。不过，缺钱而非赚钱在华谊兄弟此后的发展过程一直如影随形。

在上市之前，王中军的融资模式被简单归结为依靠个人人脉资源的“傍大款”，无论是最初房地产业的太合地产王伟，还是后来 TOM 集团，再到后来的马云、江南春，王中军的股东几乎全是自己在企业家圈子中结识的“大款”朋友。将朋友变为股东的好处是算起账来简单。

“说句实在的，（融资）这个东西就像一个气场一样，几个企业家谁对你有兴趣，你是能够感受到的。是不是这么一回事？若是根本对你没有兴趣，何必碰一鼻子灰。”早先接受《中国企业家》采访时，王中军曾如此描述华谊兄弟吸引江南春、鲁伟鼎等人投资的过程，“我们的会也开得非常简单，飞到上海，5 个人一坐，吃了 1 个多小时，说该每人掏多少钱，就这样的事。”

马云注入公司 1000 多万美元，江南春等人注入 2000 万美元，仍然无法满足华谊兄弟日益增长的资金需求。中国电影和电视剧市场在不断扩大，其投资成本也随之水涨船高。2008 年，冯小刚的《非诚勿扰》投资尚不过 5000 万元人民币，而冯小刚的下一部电影《唐山大地震》的投资额已经达到 1.2 亿元，加之华谊兄弟在 2006 年开始大规模进入电视剧投资，因此公司一直存在资金缺口。根据招股说明书，华谊兄弟的现金流从 2006 年到 2008 年，连续三年的经营活动净现金流量均为负数，分别为 -3438.92万元、-4491.48 万元和 -6112.28 万元。

此次上市募集资金 12 亿元人民币，较招股意向书中披露的拟募集资金数量 62000 万元增加了几乎一倍。即便将发行价上调，公司股票仍然备受市场追捧，上市首日股价较发行价上涨 147.76%，可以说，华谊兄弟率先走出了“缺钱”的困境。

12 亿元融资终于让王中军得以“一年可以拍几部电影，十几部电视剧。”

王中军在招股说明书里表明，此次融资将会用于补充影视剧业务营运资金。资料显示，2009 年至 2010 年，华谊兄弟将投资《非诚勿扰 2》、《唐山大地震》等 6 部电影以及 642 集电视剧。11 月 11 日，华谊兄弟召开董事会，会后公告称超额募集的 5.8 亿元资金将被用于电影院的投资项目，剩余资金继续用于补充公司流动资金。电影院项目前期投资巨大，但是在电影产业链中位置重要，且利润可观，这一领域一直是华谊兄弟的软肋。

电视剧是近年来华谊兄弟大力拓展的领域，此前，中国电视剧制作已经严重供过于求，下属对王中军进入电视剧领域普遍持怀疑态度。王中军的应对之道是找到最好的电视剧制作人。“华谊兄弟电影的成功是大导演，电视剧照样有大导演、大制作人。”王中军第一个谈的大导演是张纪中，

“就是开条件，30分钟谈完了。和张纪中谈完了之后也跟国立谈，跟他没有谈进来，这很正常，每个人的需求、想法不一样。宝刚也谈过，也没有谈进来，再谈康洪雷，谈进来了。”到现在，华谊兄弟为10个电视剧制作人成立了工作室。

为了保证产品质量，王中军给每个电视剧制作团队一年封顶60集电视剧，这样华谊兄弟每年电视剧的产量被限制在600集以内。华谊兄弟的电视剧《我的团长我的团》和《倚天屠龙记》均卖出了6000万元的高价。

华谊兄弟的艺人经纪业务拥有85名艺人，其中包括周迅、李冰冰、黄晓明等当红明星。“在这一点上，我们起步比较早，也是我们公司非常核心的一个竞争力，这个门槛别的公司几年内很难往上迈。”王中军说，“因为明星签约通常是8到10年，起码这10年他是和你一起工作的。”

电影仍然是华谊兄弟最为重要的利润来源，这其中的核心赚钱机器正是导演冯小刚，与冯小刚的合作成就了华谊兄弟，不过对冯小刚的单一依赖也一直是华谊兄弟电影的最大隐忧，“冯小刚病了怎么办？”这是王中军最经常被问到的问题，这个时候，他的心里会想“冯小刚为什么会病？”又转念一想，“但是真的病了怎么办？”《风声》的大卖让人看到了导演高群书的潜力，不过王中军也承认，“艺术家不是培养的，大导演是慢慢磨炼出来的，除非是天才。”

上市之后，王中军随着一个商学院班去了欧洲，在巴黎一间爱马仕专卖店里看中了一款价值数十万，而且还要提前一两年预订的皮包。于是他决定买下，作为公司上市的庆祝礼物送给太太。没料到，店里的售货员告诉他，这是别人预订的货品。

在王中军再三表达对此包的喜爱之后，这个售货员进屋打了一个五分钟的电话，出来后，售货员笑容满面地告诉他：“王先生，因为是您，可以卖给您。”这个场景让王中军想到了自己电影中的植入广告，“都是饥渴营销”，华谊兄弟的贴片广告也以10个为限，“就像奥运会的合作伙伴。”王中军说。冯小刚的新片《唐山大地震》已经卖出了近8000万的贴片广告。“只卖10个，哪怕我们只卖出去2个，我们也说只卖10个。”王中军大笑。

2. 从别人的需要看出自己肩负的责任

红顶商人胡雪岩几乎成为华人家喻户晓的人物，因为其利用当时中国的政治和经济环境，游走于官场和商场之间，最终创造了属于自己的商业帝国。后人对胡雪岩有一个评价：失靠山转门下，筹军饷设银号，获高官享厚禄，创经商传奇生涯。

对于胡雪岩的评议，还有很多不同的观点，笔者无意介入这种争议之中，仅就其建立人脉的方法做一个分析。

胡雪岩最初不过是一个钱庄的学徒，跑街的伙计，然而，凭着他自己一手建立的“人脉”，入道之后，借助官声势力，以开钱庄起家，层层托靠，左右逢源，周旋于官府势力、漕帮首领、洋商买办之间，开丝行、办药店、设典当、贩运粮食、买卖军火，不数年间，便成为驰骋十里洋场，能在上海这一中国近代金融贸易中心呼风唤雨的富商大贾，并成为中国历史上第一个与外国银行开展金融业务往来的人。

胡雪岩的人脉关系不是天上掉下来的，在兵荒马乱的年代，即使是投靠官府，有时候也需要冒巨大的风险，甚至需要冒生命的危险。

当太平军围困杭州的时候，胡雪岩已经身受重伤，按照常规，伤筋动骨一百天，至少也得修养一两月，但是，他深感自己肩负使命，杭州城几十万人需要他筹备粮食，就等于几十万人的生命掌握在他的手里。

当时，由于围困时间已经超过40天，杭州城内已经出现人吃人的现象。如果胡雪岩多耽误一天，就会多饿死上万人！他只休息了几天，就从床上起来，马上投入到筹备粮食的活动之中。最后，由于种种原因，筹集到的粮食没有送到杭州城清军守城将士的手中，胡雪岩不得已又将粮食运到宁波。最后，自己累得一病不起，差点丢了性命。所以，胡雪岩真的算是一个有使命感的人。

胡雪岩是一个商人，他有一套实用的人脉观点。在胡雪岩看来，朋友之间的合作交往，不能损害双方的利益，否则就会使朋友关系解体。朋友关系的维系，最好的办法是能够给双方带来好处和利益。在朋友的交往中，出于感激和一时冲动，慷慨过度，则会损害自己的利益。这种情况在胡雪岩看来，虽是出于自愿，但终究是使自己吞下一个难咽的苦果，最后反而会使朋友关系紧张乃至崩溃，其后果是失去了朋友，还可能危及前途和事业。

就是这么一个商人，在关键时候，也有为朋友两肋插刀的时候。许多人说商人都是奸商，其实大谬！胡雪岩当时并没有计较个人的得失，他不是为了钱去筹粮食，而是奉命冒险去筹备粮食，报答杭州城守将王有龄。王有龄四面受敌，在其他清军将领见死不救的情况下，胡雪岩毅然决定冒险筹办粮食。退一步说，即使胡雪岩是冲着赚钱而去，难道钱比命还大吗？所以，他是为了信誉在做事，可见，我们也不能说人家红顶商人胡雪岩什么都坏！

从胡雪岩的故事和经历中，我们再一次看出，一个人做任何事情，不能仅仅看到自己的利益，而要尽力帮助他人。最后，你得到的可能会大大超过你的预期。

现代社会，人人都需要自立，机会非常多，同时，竞争又非常激烈。如何才能打开事业的局面？这是现代人最大的困局。

要善于“从别人的需要看出自己肩负的责任”（中国内地首位 MDRT 顶尖会员蹇宏语）。他人的需要就是你的机会，先不要谈做生意，首先必须建立信用，让他人信任你，相信你，你就有做不完的生意，所以，信用就等于生意，信用就是源源不断的现金流。

3. 100顶“高帽”闯世界

说到赞美方面的故事，让我们先来看两则故事：一则是清朝一位人脉高手用100顶“高帽”闯世界；另外一则是一位心理教授几句话成就一位全球知名的演员。

故事一：100顶“高帽”闯世界

清朝末年著名学者俞樾在他的《一笑》中，讲过这样一个故事：

有个京城的官吏，要调到外地上任。临行前，他去向恩师辞别。

恩师对他说：“外地不比京城，在那儿做官很不容易，你应该谨慎行事。”

官吏说：“没关系。现在的人都喜欢听好话，我呀，准备了一百顶高帽子，见人就送他一顶，不至于有什么麻烦。”

恩师一听这话，很生气，以教训的口吻对他的学生说：“反复告诉过你，做人要正直，对人也该如此，你怎么能这样？”

官吏说：“恩师息怒，这也是没有办法的办法。要知道，天底下像您这样不喜欢戴高帽的能有几位呢？”

官吏的话刚说完，恩师就得意地点了点头：“你说的倒也是”。

从恩师家出来，官吏对他的朋友说：“准备的一百顶高帽，现在仅剩九十九顶了！”

这虽然是个笑话，但却足以说明一个问题，就是谁都喜欢听赞美的话，就连那位自以为清高并且总不忘记教导自己学生“为人要正直”的老师也未能免俗。

根据马斯洛的需要层次理论来解释，因为人都有获得尊重的需要，即对力量、权势和信任的需要；对名誉、威望的向往；对地位、权利、受人尊重的追求。而赞美则会使人的这一需要得到极大的满足。正如心理学家的解释：每个人都有渴求别人赞扬的心理期望，人一旦被认定其价值时，总是喜不自胜，眉飞色舞。由此可知，要想取悦你的交往对象，最有效的方法就是热情地赞扬他。

在中国传统文化中，给人“戴高帽”实际上就是赞美的一种。当然，恰到好处的高帽是赞美，过分地戴高帽，不切实际地恭维、奉承，就是“拍马屁”，这中间有一个度的问题，这个问题太复杂，只可意会，不可言传。究竟是真心的赞美还是有“拍马屁”之嫌，相信当事人一听便知。

赞美可能使人终生难忘。如果你赞美他人，你就有可能成为他“生命中的贵人”。赞美的魔力无穷，一个人之所以自卑，主要是因为他对自己没有自信。自卑需要用自信的力量去战胜，所以，给予他人自信的力量，是你能够送给他人最宝贵的礼物，最珍贵的纪念品。而当一个人克服了自卑之后，找到了自信的感觉，他们的表现会非常优秀，与众不同。

故事之二：心理教授几句话成就一个全球知名的演员

一位心理学教授的咨询室来了两位客人。一位中年妇女，身后站着一位衣衫凌乱、蓬头垢面的女孩子。中年妇女告诉教授，女孩是她的女儿，她整天都不修边幅，做事情漫不经心，得过且过，虚度光阴。她想知道自己的女儿为什么会这样消极颓废？

教授听完这位母亲的诉说之后，问是否可以对她的女儿单独谈几句？中年妇女同意了。

教授与那位女孩单独在一起，他发现女孩长得非常清秀美丽。只是她的糟糕的外表掩盖了她的自然美。教授忽然间想起一句话：是金子在哪里都会发光，是美丽总会绽放的。

于是，教授对女孩说：“孩子，你真的是个美丽的女孩，即使你没有打扮自己，你依然非常美丽。”

“您在开玩笑吧！”女孩说话的时候不再像刚进来时那样漠不关心，并且，眼睛也明亮了许多。

“孩子，你真的非常漂亮。不过，你自己还没有意识到自己的美丽。”教授的话带着一丝惋惜。

“教授，谢谢您！您知道吗？在您夸奖的时候，我觉得所有的自卑都没有了，觉得自己找到了一种从未有过的自信。”

“真的吗？这是一种什么感觉呢？”教授鼓励她把这种感觉说出来。

“真的。在来您这里之前，在的生活中全部是负面的东西，一切都不如人意。母亲的谩骂，异性同学的鄙视，同性同学的讽刺。我整天都生活在自卑的气氛之中，觉得自己一辈子都抬不起头来，没有希望，没有梦想。”

“现在，找到了什么感觉呢？”

“觉得自己找到了自信！再也没有自卑感了！”女孩子非常自信地说。

教授发现，眼前这位女孩具有非凡的领悟力，今后一定会有所成就，于是，对她说了许多鼓励的话，并且还给了这个悟性很高的女孩一些非常好的建议。

从此以后，这个女孩不再轻视自己，不再虚度光阴。摆脱了自卑感的纠缠，她好像换了一个人，她处处表现出前所未有的自信，她发奋学习，挖掘自己的潜力，表现得就像一个成功者。结果，她当然是成功了，她成长为一位杰出的电影演员。

相信，类似这样的故事非常非常多，多得难以统计，而且，我们每一个人都可以讲出几个这样的故事。它可能发生在别人写的书本上，可能发生在你所认识的朋友身上，也可能就发生在你自己的身上。

这是一种“经过心灵净化的语言”创造的奇迹，创造这种奇迹的语言就是两个字：赞美！

4. 运动100，渠道为王

“渠道为王”是零售行业成功的不二法门，对于上海颐盛商贸有限公司（下称“颐盛商贸”）的行政总裁张国伦来说也不例外，其创办的“运动100”大型运动休闲品牌一站式零售概念店截至今年年底将有60多家的连锁店。为了达到这样的规模，张国伦花了近12年的时间。

这样的发展速度在业内人看来显得有点慢，但张国伦却不以为然。他自认为是个保守的人，不会有太多激进的做法，他觉得高速增长的背后肯定会有代价。“快鱼吃慢鱼是没错，但在这过程中如果基础不做好，无论有多快，最终会倒掉。”张国伦说。

为此，在“运动100”两年前得到兰馨亚洲1000万美元的注资后，张国伦做的第一件事不是开更多的连锁店，而是把大部分的钱都花在了升级电脑系统、开设培训学校以及完善区域架构等内部建设上。

张国伦坦言，在公司的发展进程表上，原本计划在年内及明年上市前进行最后两轮融资，但目前由于香港上市的市盈率太低，张国伦打算延后一年，并将重点放在自身建设上。

目前，“运动100”已完成全国六大区域16个城市的布点，商品种类逾万种，汇集了国内外数百家知名运动品牌及休闲品牌，同时引进了大至健身按摩器材，中至球类、羽网拍，小如护具、扑克棋子等体育用品。

而相较于目前行业内层出不穷的新颖创意的商业模式，张国伦则更喜欢简单的，“运动100”以进驻购物中心的方式作为主要的销售通路，在他看来，简单的商业模式更容易复制，也更容易持久。

早在大学里，张国伦就是个狂热的体育爱好者，当时他曾代表香港大学联队赴外参加比赛。大学毕业后张国伦远赴英国攻读MBA，并在市场营销学内挑选了零售业作为重点攻读方向。

上世纪90年代初，学成归来的张国伦来到北京，帮助一家香港上市公司拓展其在内地的业务。“当时PUMA是内地最早入驻的体育品牌，我们是他们唯一在内地的商标授权公司。”张国伦说。

1997年由于受亚洲金融风暴的影响，张国伦所在的上市公司受房地产业务的拖累，濒临倒闭的边缘，无奈最终放弃了代销体育用品这一块的业务。“那时候真的是逼上了梁山。”张国伦说，“公司没了，但又不想转行，干脆自己创业。”

靠着以前代理PUMA品牌积攒下的圈内关系，张国伦成立了颐盛商贸。那时已有许多运动品牌开起了专卖店，为了能与它们抗衡，张国伦想到了在品牌种类上下工夫。

他尝试着把几个品牌放在同一家店里销售后，发现顾客的接受程度明显高于以前，在经过对部分顾客的调查后发现，他们更希望能够享受到一站式的购买。“让顾客不用再奔波于各个专卖店，而是一次性有多品牌的选择，就像个体育大超市。”张国伦说，这也是他调整战略、成立“运动100”的初衷。

打定主意后，张国伦接下来要做的就是去争取与诸多运动品牌的合作。“那时，拿着手提电脑向NIKE中国区总经理介绍我的概念，他们很快就接受了与我们的合作。”张国伦说，“类似这样一站式的概念其实在国外早就有了，所以与许多品牌的合作一谈即成。”

除此以外，张国伦还发现，那时内地全民健身的意识相当薄弱，很少有人会买健身器材，而以前的体育用品商店往往和文具店开在一起，不但规模小，且产品不齐全，这一块的市场缺失恰巧又给了他一个整合的机会。

1997年，张国伦租赁了当时南京东路上第一百货东楼内4000平方米的面积，开出了第一家“运动100”。

经过一段时间的摸索，张国伦发现，在“运动100”的消费群体中，有75%的受众群体选择将买来的运动服饰用于平时的休闲穿着。为此，他摒弃专注做运动品牌的念头，逐渐引入休闲品牌。

在第一家店获得成功后，“运动100”于2001年开始向其他省市拓展。张国伦告诉记者，“运动100”目前主要在购物中心、百货公司以及全球大型的超级市场开设店铺，每家店接近3000平方米。

张国伦坦言，平均一家店从开业到保本基本都要花上3年的时间。而在这一周期中，租金是最大的成本，而近几年来更是有两三倍的上涨。他表示，一般我们与商场签订的租赁合同都在10~20年，只有通过签更长的租赁年限以及搬到较高楼层的做法才能保持租金的相对稳定。

目前内地诸多运动品牌随着中国市场的崛起，纷纷直接注册公司，收回原本代理开设专卖店。张国伦坦言，这部分群体是其目前最大的竞争对手。但他表示，目前有独立能力开设专卖店的品牌仍为少数，多数品牌尚无法承担日常管理、人员投入、租金等方面的开支，这也给了“运动100”一个拓展市场的机会。

新世界百货助理执行总经理叶奕兴告诉记者，类似于“运动100”这样多品牌打包的模式，对商场而言，招一家等于招了几十个品牌，而且租金固定，商场也乐于接受。

据悉，“运动100”除负责整个体系的管理之外，主要通过直营、代销以及专柜的模式与各运动品牌达成合作。张国伦表示，目前与品牌的合作主要以专柜为主，占据近八成的比例。“运动100”主要以营业额提成作为主要收入来源，并按照店铺位置的优次确定合作条件。

张国伦表示，近5年来，“运动100”都保持了年增长25%以上的势头，今年的销售额将达到十几亿元，净利润率一般在2%~5%左右。但他显然对这样的成绩不够满意，“我们正在争取逐渐扩大直营的比例，让自己占有更多的份额。”

5. 创业资金 100 万，来自一位赏识的人

“找钱”估计是这个世界上最难干的活了。但是，在目前飞速发展的中国市场上，无论是传统产品市场还是技术、服务市场，要想快速占领市场份额，没有大笔的资金做基础几乎是不能完成的，所以对新兴企业家来说，“找钱”也就成为他们首要的工作。

24 岁的高燃用“踏实了很多”来形容现在的心情，时下正是其所在的网站 MySee 直播网融资成功的日子。在其清华校友的帮助下，高燃用流媒体的技术赢得了美国 TMT（IT－媒体－通信）领域投资商的青睐。“投资总额为 1000 万美元，目前已经有一半资金到位。”高燃告诉记者。

2005 年，互联网迎来了又一个投资的春天，博客网、当当网、中华培训网等中小网站纷纷融资成功，而所融资金动辄千万美元以上。“仅美国投行就有约 20 亿美元徘徊在国内市场寻找合适的项目，因此，只要有盈利的增长点，或合适的管理团队，融资并不是件很难的事情。”一位业内人士告诉记者。

但对于 MySee 年轻的总裁高燃来说，这一年半的创业路能够比较顺利地走下来，还有最重要的一点——活跃的人脉。

2003 年 7 月，高燃毕业于清华大学，之后学文的他选择了记者职业。9 个月之后就开始创业的高燃始终觉得他活跃的大学生活和曾经的记者职业是其广积人脉的基础。

“创业资金 100 万，来自一位赏识的人”。

高燃告诉记者，这位赏识他的人来自江苏，结识于大学。

2004 年春天，萌发高燃最初创业冲动的是电子商务，“看到卓越网、当当网都做得很好，也想把北大的一个网上书店买下来。”学文出身的高

燃如是想。

于是，他做了一份并不十分专业的商业策划书，打算寻找可以提供给他创业资金的人。根据高燃的回忆，这份策划书第一个呈给的就是雅虎的创始人杨致远。“当时还是记者，正好赶上杨来北京。在饭店的电梯里，只有我和他，用了简单的几句话介绍了我的想法，然后把策划书交给了他。”高燃向记者描述道，“印象中杨肯定了我的想法，但后来就没有消息了。”

之后，高燃又将这份策划书的修改版交给了另外两个人，其中就有这位赏识他的江苏人。

为了沟通，高燃去过两次江苏，第一次去呈交策划书，第二次便是接受投资人的问询。这位投资人给了高燃起始的资金——100 万元。

创业伊始的高燃，路走得并不顺利，对 IT 行业积累并不多成了他的短板。于是，他在短时间内有了三次尝试。执著于做电子商务的他从北大网上书店所得到的回复是“收购资金不能低于 100 万”。显然，他不能把手中的钱都拿去冒险。

于是高燃做了最初的彩信，找人画漫画、写新闻，并由此得到了第一笔收入——20000 元。事实上，2004 年 7 月间，正值彩信市场刚刚开始升温，“但因为本人对彩信市场的不了解，所以我们几乎没有盈利。”高燃说。

彩信市场持续了几个月后，始终未能盈利的高燃第一次面临了核心团队的解体。两个合伙人一位去了香港继续学业，一位也选择了离开。高燃的第三个尝试是做博客，他用几万元的资本注册了 mysee 域名，但技术门槛较低的博客仍然没有给他带来好运。

“此时，碰到了我的大学同学，他专注于做视频和无线存储技术，还拿到了国家的专利，但苦于没有资金。”几个月的创业经历让高燃明白，对于一个公司而言，技术可以不是最重要的，但一定要有核心技术。于是，2005 年四五月间，两公司合并，这在高燃看来是一次很好的优势互补，长于做技术的同学和自己在市场、人脉上的优势正好可以取长补短。因为中、小公司的业务过于繁多，在没有开始盈利之前反而容易产生负担，高燃做出了最终决定，砍掉自己的博客团队，专注于视频业务。

业内分析人士告诉记者，MySee 直播网所处的 P2P 流媒体行业目前竞争十分激烈，仅在国内，就有 MySee、PPLive、PPStream、PCast 等多家企业竞争。而且搜狐、腾讯等知名互联网企业也已经看到商机，准备进入这一领域。搜狐总裁张朝阳甚至私下说，“有了 P2P 流媒体技术，对 IPTV 目前不感兴趣。”

于是，完成两公司合并之后，为了迅速更深更广地开拓市场，在业内朋友们的建议下，高燃开始将第一轮战略融资提上了日程。

7 月中旬，高燃参加了“中国创业投资中期论坛”，并在会上做了发言，“此举是想把我们流媒体的盈利模式告诉大家，吸引更多人的注意。”他说，“虽然最后的投资人并不是在该论坛上认识的，但那天确实很重要。”

与此同时，MySee 直播网也进行了一系列的市场推广，搜狐、新浪、网易等门户网站先后在连宋大陆行、神六发射等直播时采用了 MySee 的技术。在 P2P 流媒体技术出现之前，网站做在线视频点播主要靠用户收费来赚钱，如用户收看一部影片收费多少钱或者包月多少钱等。但是用户对这种收费模式的接受度并不高，而且由于之前的在线视频点播成本较高（据了解每名用户收看一部影片的成本大约为 7 元钱），收费过高用户不愿使用，收费过低又会赔钱。“利用技术的手段，MySee 直播网的 P2P 流媒体技术可将每名用户收看一部影片的成本降到 7 分钱，收费标准可以大大降低，甚至对用户不收费靠广告盈利都有可能。”高燃对国内 P2P 流媒体的发展充满了信心，“融资后，MySee 直播网会在不断增加正版节目的同时加大市场推广力度。”他说。

高燃很幸运，最终的投资方依然来自同门师兄弟的牵线搭桥。回顾自己虽然短暂，但精彩的创业生涯，高燃说：“自己刚开始创业的时候总觉得具体的事务应该交给下面人，广交关系才是自己的职责，结果走了很多弯路。”事实上，开始的用人不当的确给高燃敲响了警钟，“一定要选择职业经理人。”他说。但是广交关系没有错，某种意义上，这些人脉成就了今天的高燃和他的 MySee。

6. 发现贵人，与“狼”共舞

这是某一论坛的讨论话题，觉得有点意思，拿来大家讨论一下。很多人都觉得现在在社会上：人脉 > 经验 > 能力 > 学历，尤其是当我们遇到人生中的贵人的时候，所能学到的、得到的，可能会改变我们的一生。但实际上，我们每天都能遇到很多人，怎么知道他是不是我们人生中的贵人呢？

贵人从狭义的角度来看，肯定是有别于大众的，试想如果人人是贵人，那这个世界也太理想了，说起来是很美好的、理想化的，那终究是空中楼台，不太现实。实际一点说，遇到贵人是大多数人的追求目标。套句伟人的话或许能从某一个侧面说明实情：“让一部分人先富起来，先富带后富，最终实现共同富裕。”

如何发现我们人生中的贵人？首先需要搞清楚有两个限制：一是在我们人生之中出现，二是必须是贵人。

先说第一条，其实贵人很多，满街在走，你在马路边上，或者斑马线上，接踵而至的保时捷、奔驰呼啸而过，里面的人多半非“富”即“贵”，电视上或者大型公开场合，那些在聚光灯下或众目睽睽之下，和蔼可亲，滔滔不绝的“仁人志士”，呈现出或亲民，或饱学，或慷慨，或道德，总之魅力四射。但是，他们离我们很遥远，如置身在不同世界。谁知道离开聚光灯或众目睽睽，他们又会是何等嘴脸？那么，贵人怎样才算在我们人生当中呢？必须是我们能够接触到，认识的，或者可以通过两三人介绍相识，八竿子可以打着的。当然有些牛人，当街仰天大喊“给一个支点，可以撬起整个地球”。如果真有这个本事，四面八方的贵人自然会趋之若鹜。

第二条，什么是贵人，要定义起来标准很多。从官衔分，是九品抑或四品？从职位分，是科长以上，还是经理？如从财富分，财富榜上要排第几才够格？这些标准众口难调，很难统一，也很难操作。归根结底，还要从市场经济的眼光来看，比较彻底一点，以自身为起点，凡是比自己拥有更多或更优的资源的人，不管是财富、社会关系、技术、能力、思想（世界观，方法论）中任一方面，只要具备了，都可以恭认他们具备贵人的基础了。其实，资源当中，更首推好的思想，有了它，不但可以将众多资源得到很好的配置，也可以发挥出更大的作用。而且在缺乏其他资源的情况下，可以创造出资源来。

具备贵人的基础的人要想成为准贵人，个人的经验是这样，准贵人贵在有高贵品质，通俗说，有高贵的人格魅力。人格魅力是很具体的，可以用“八荣八耻”来衡量。其实用这个标准去套，基本上能称得上贵人的就所剩无几了。因为只有这样的贵人，才值得你全身心投入，为共同的目标抛洒自己的热血和青春。但是这是理想，理想而已。

实际中，我们认识到准贵人的稀缺现状，而泛贵人还是比较多的，他们可能没有很完美的人格魅力，但可爱的性格优点还是很多的，即使有一些缺点，也是通常人都会有的，不过分就可以了。他们都应该值得我们的尊敬，与他们形成了构建合作的广泛基础，将使我们的生活达到比较美好的程度的可能性大大提高。

也许有人说，只要能使我们成功的人都应该是贵人。这话有一些道理，但是太过功利。对贵人定义太过宽泛和模糊，就必然导致对成功的定义也会太过宽泛和模煳。很多人为了赚钱，根本不管社会道德和良心。这样就算富得流油，有何面目可称成功，甚至有可能是“全民公敌”。

也许有的时候真的遇上了这样的“伪贵人”，有不错的资源，就是人品太差。在我们有利用价值的时候，他有兴趣提携我们一程，该怎么办？我们如果想借助这个资源，扑腾一下翅膀，练把手，那也未必不可，关键自己要有“与狼共舞”的能力，睡觉要睁一只眼不说，还得枕戈而眠，因为一不小心不但有可能脱不了贫，还会将下半辈子的幸福搭进去。广州有个海珠大桥，经常有人因生意被欠款追不回，而登高做跳桥状的。“伪贵人”明确一点讲，就是“衰人”和“敌人”。之所以要清理出来，既是希望我们能够避免衰运，也是为了不想玷污真正的贵人。当然“衰人”有其的好处，最起码可以提高我们生存能力，还有让我们学会坚强，学会“大不了从头再来”的豪迈。

正所谓英雄惜英雄，我们在寻找贵人的同时，一定不要忘记问自己，自己是贵人吗？自己是英雄吗？

[第九章]

RENMAIDEGUIJI

赞美——用诡计提升感情的基础

朋友之间或许有职务高低、身份高低、财富多少的差别，怎样相处才能恰到好处呢？相互尊重，而不能有主次之分，否则就失去了感情的基础，关系不易维持。

1. 赞美他人会使对方愉快

从个人的条件看，人与人不会处在高低同一个层次，但是，你要想获得别人的尊重，赞赏别人是一种重要途径。爱听赞赏的话是人类的天性，人人都喜欢“正性刺激”，而不喜欢“负性刺激”。如果在处世交友中人人都乐于赞赏他人，善于夸奖他人的长处，那么，相互间的好感或友谊将会大大增加。

有一位心理医生在银行排队取款时，看到前面有一位老先生满面愁苦，有人稍碰撞他一下，他就骂人。心理医生心想，这位老人心情不好，要让他开朗起来，他就不会以这种不满的态度对待别人了。于是心理医生一边排队一边寻找老先生的优点，终于他看到，老先生虽驼背哈腰，却长着一头漂亮的头发，于是当这位老先生办完事情走到心理医生面前时，心理医生衷心地赞道：“先生，您的头发真漂亮！”老先生一向以一头漂亮的头发而自豪，听到心理医生的赞美非常高兴，顿时面容开朗、精神焕发起来。可见，一句简单的赞美给别人带来了多大的心理满足。

有一个大学生宿舍，人际关系很紧张，同学们似乎彼此都有戒心，更谈不上彼此尊重了。有时为毛巾、牙膏这些小事都争吵，从来就不知道友好地相处，宿舍气氛沉闷。一个同学在学校诗歌比赛中获奖了，其他同学议论纷纷，说那首诗写得就是狗屁，是评委会有人暗中帮了她。当那个同学兴冲冲地回到宿舍时，见大家冷冰冰的，没有人提起她获奖的事，她很失落。于是，她为同学间的人际关系局面感到苦恼，希望改变这种状况。

这位女生决定从现在开始，试着夸奖他人，真心赞赏他人的长处，如：“你今天气色很好！”“你的眼睛真亮！”“这件裙子对你再适合不过了！”等等。不久以后，她发现宿舍的气氛完全变了样，大家相互帮助，彼此关心，在一起时有说有笑，下课后都愿意回宿舍，好像宿舍有一种无形的吸引力。

善于赞赏别人常会使一个领导者具有神奇的力量。如果你对下属说："大家知道，你很能干。最近单位人力紧张，有件事我们希望得到你的帮助。"这样一来，你的下属一定会为你分忧，即使一人干了两个人的活儿也不会有任何怨言。

在家庭生活中，学会赞美同样重要。人们常常婚前甜言蜜语，婚后批评抱怨，以为结了婚就如进了爱情的保险箱，用不着去讨好、夸奖对方，难怪有"婚姻是爱情的坟墓"的说法。其实，婚后妻子更需要丈夫的欣赏，丈夫更渴望妻子的鼓励，批评挑剔不但于事无补，反而会适得其反。有一则故事叫"王大姐训夫记"。王大姐的丈夫平日很懒惰，从来不理家务，无论王大姐如何唠叨指责毫无效果。

有一天，王大姐一反常态，不再唠叨抱怨，她观察、寻找丈夫偶尔表现出来的闪光点——丈夫无意中洗了一次自己用过的碗，于是王大姐大加赞赏，并承诺做几道好菜予以鼓励，丈夫听了心里颇为感动。再一次，丈夫又无意中顺手洗了自己的袜子，王大姐马上如法炮制，大做表扬文章。渐渐地，丈夫感到家庭的温暖，妻子的贤惠，一回家就主动找家务活干，并逐渐乐在其中。

赞赏与赞美他人会使对方愉快，被赞美者的良性回报也会使你自己感到愉快，彼此得到了尊重，从而形成了人际关系的良性循环。

当然，夸奖、赞赏他人，并不是说可以毫无顾忌、不讲分寸，而是必须做得恰到好处。要注意以下两个原则：

一是真诚。夸奖别人要出于真心，所夸奖的内容是对方确实具有或即将具有的优良品质和特点，不要让别人感到你言不由衷，另有所图。如夸奖一位身材矮小者长得魁梧恐怕就要出现"拍马屁拍在蹄子上"的情况，就不是对他的尊重了，而是嘲弄了。

二是夸奖的内容应被对方所在意。称赞中年妇女身材苗条，赞扬老年人身体硬朗便很容易引起良好反应，而赞美儿童年轻、青年人牙齿坚硬等却很难有积极效果。

2. 从你遇见的每一个人身上学东西

朋友之间或许有职务的高低，身份的高低，怎样相处才能恰到好处呢？相互尊重，而不能有主次之分，否则就失去了感情的基础，关系不易维持。

现在是竞争社会，与人相处，给朋友或同事一句勉励的话，会让对方感到内心的温暖，自尊的满足。

弗洛伊德的说过，一个人做事的动机不外乎两点：性冲动和渴望伟大。美国学识最渊博的哲学家之一，约翰·杜威则有另一种说法，他认为，人类本质里最深远的驱动力就是“希望具有重要性”。请记住这句话——“希望具有重要性”，这一点非常重要。

那么，一个人到底需要什么？其实，所求并不多。但不可否认，有少数几样东西的确是你极希望拥有的。一般来讲，大多数人需要的东西包括：健康的身体、食物、睡眠、金钱和金钱可以买来的东西、未来生活的保障、性满足、儿女的幸福、被人重视的感觉。

除了以上这些需要，还有一项需求较难满足，它就是“渴望伟大”或“希望具有重要性”。人们对这项需求观念上根深蒂固，心理上迫切热望的程度，绝不亚于对食物和睡眠的需求。

林肯曾在写信时提到：“人人都喜欢受人称赞，人们相处最佳的途径是勉励。”威廉·詹姆士也说过：“人类本质里最殷切的需求是渴望被人肯定。”他不用“希望”、“需要”，或是“盼望”等字眼，而用的是“渴望”这个词。

这种渴望不断地啃噬着人心，少数懂得满足人类这种欲望的人便可以将他人掌握在手中。那么，如何使勉励恰到好处呢？

第一，以勉励代替指责。查理·夏布是全美少数年收入超过百万的商人。1921 年，安德鲁·卡耐基慧眼独具，提名夏布为新成立的“美国钢铁公司”第一任总裁时，夏布才 38 岁。

为什么安德鲁·卡耐基每年要花 100 万聘请夏布先生呢？这几乎等于每天支付 3000 多美元。难道夏布先生确实是个了不起的天才？还是夏布先生对钢铁生产比别人懂得多？都不是。夏布先生亲自说过，在他手下工作的许多人对钢铁制造其实都懂得比他多。

夏布说他之所以获得高薪，主要是因为他善于处理人事，管理人事。当有人问他是如何做到这点，他讲了下面这段话：

“天生具有引发人们热情的能力。促进人将自身能力发展到极限的最好办法，就是大家相互勉励。而来自长辈或上司的批评，最容易丧失一个人的志气。从不批评他人，相信勉励是使人工作的原动力。所以喜欢勉励而讨厌吹毛求疵。如果说喜欢什么，那就是真诚、慷慨地勉励他人。”

这就是夏布处世成功的秘诀。但是，一般人是怎么做的呢？正好相反，假如他们不喜欢一件事情，必定对属下大吼大叫；如果喜欢，就默不吭声。

“生活中，我广泛接触过世界各地不同层次的人。”夏布说道，“我发现，无论多么伟大或尊贵的人，他们和平常人一样，在受到认可的情况下，比在遭受指责的情形下，更能发奋工作，效果也更好。”

这也是安德鲁·卡耐基先生成功的主要原因。夏布指出，卡耐基常常勉励他人，让对方感到被尊重与受重视，私底下他也是乐于勉励，并希望得到别人的勉励，如他说：“干得怎么样？要多多支持。”卡耐基甚至在墓碑上也不忘记恭维别人，他为自己所写的墓志铭是这样的：“这里躺着一个人，他懂得如何奉迎比他聪明的人。”

第二，寻找勉励的突破点。对他人进行勉励，让对方感到人情的温度，是约翰·洛克菲勒成功管理人事的首要秘诀。在他眼里，人本身没有高低之分，只是从事的职业不同和能力高低不同而已，对于低能力人，可以通过勉励让他感受到尊重，从而焕发进取的激情。举例来说，爱德华·贝德福特是洛克菲勒的合伙人之一，在南美的一次生意中，他使公司损失了 100 万美元。洛克菲勒当然可以指责贝德福特，但是他并没有这样做，他知道贝德福特已经尽力了，再说事情已经发生并且过去了。所以洛克菲勒另找其他的事情称赞贝德福特，说他节省了60%的投资金额，他勉励道："这太好了，我们并不能总像巅峰时期那么好。"

佛罗伦兹·齐格飞是百老汇最有看头的歌舞剧家，具有一项使美国女孩增添光彩的超绝能力。好几次，他把原本没有人愿意多看一眼的平凡女孩变成千娇百媚，风情万种的舞台明星。他深深知道勉励和信心的价值，常用殷勤、体贴的力量打动女士们的心，使她们相信自己确实美丽。

有人一度屈从时尚、减肥，绝食了6天6夜。这当然不容易做到。你都知道，如果让家人或雇员6天不进食，我们一定有犯罪感。但是我们却常常对家人或雇员6天、6星期甚至6年都从不说一句勉励的话，这份精神鼓舞不是同食物一样重要么？却常常被人忽视了。

我们会照顾儿女、朋友甚至雇员的身体，但是我们可曾照顾过他们的自尊？日常生活中，我们通常忽略的美德之一便是相互勉励，去滋润对方的自尊心。

爱默生说过："遇见的每一个人，或多或少是老师，因为从他们身上我们学到了东西。"为人处世，不要老是想着自己的成就和需要，而应尽量去发现别人的优点，不是逢迎，而是"真诚勉励、慷慨地赞美"，这样，别人就会把你的言语珍藏心里，到时候奉还给你。你来我往，在勉励中提高，在勉励中得到慰藉。这种处世方法，能为人脉关系奠定基础。

3. 对下属"一碗水端平"

领导者要赢得威信，就不能高高在上，而必须懂得对下属尊重，要和下属和睦相处，取得了解与信任。一位成功的管理者所发挥的管理功能往往更多地来源于个人影响力和人格的魅力！

一家公司接到了客户赠送的三张旅游券，可是公司却有四个人，怎么办？公司经理自己拿了一张券，发下去了两张。显然有一个人没有得到券，他倍感打击，对经理产生了憎恨的心理。在留守上班的日子里，他故意把几笔生意给推了。且不说这位员工做法对不对，那位经理却犯了错误，他应该去补一张券，或者自己不去旅游，或者对留下的员工进行解释，让他下次优先享受“好处”。

对于大小头头来说，不要以“领导者”自居，要放下架子，以平等友好坦诚直率的态度与下属相处。不要做表里不一的人。要关心下属，经常了解下属的生活情况、思想情绪、工作中的困难，竭力帮助下属解决生活工作中的困难，解除思想上的烦恼。

对下属一视同仁，首先体现在相互尊重上。不能有亲有疏，处理问题对事不对人，要“一碗水端平”——如上面讲的，那位经理就没有一碗水端平，他可以用很多恰到好处的办法处理那件事，但他没有，以为自己是经理，有权分配利益。

要尊重下属的劳动，爱护他们的积极性、创造性。要善于宽容、谅解下属，如果下属在态度、言行上对领导有所冒犯，也不必挂在心上，要主动表示谅解，解除对方的心理压力和紧张情绪。

对下属一视同仁，必须坚持用人唯贤的原则。但毋庸讳言，有时也不免有个人情感的成分。有的人对领导敬而远之，退避三舍，怕太接近领导会被认为是拍领导的马屁。有的人则唯上司马首是瞻，亦步亦趋。奉承话好听，谁都爱听，会溜须拍马的人一时也可能比较讨人喜欢，可时间一长，便会令人生厌。有时奉承过了头，上司甚至会想，你在拿我当阿斗啊！也有的人以“谏臣”自居，以仗义执言标榜自己的刚正不阿。这样的下属，上司也是不愿接受的。“忠言逆耳”这句话人人都懂，可如果能做到既是忠言，又不逆耳，岂不更好？

对下属一视同仁，公平合理，是领导者处理与下属关系的又一重要原则，也是赢得下属信任的重中之重。你的下级发现你能公平公正地对待他，他定会心情舒畅，干起活儿来，也必是斗志昂扬，一句话：肯卖命。

反之，如果下属发现你“偏心眼儿”，可想而知，偏向的一方，获得好处，似无怨言。但另一方则是怨声载道，旁观的第三者，也会站在这一方。那么你会众叛亲离，而你偏袒的一方，也会因此与别人“格格不入”。

如此，作为一个整体就分裂了。人们常说，整体功能大于局部功能之和。一个分裂的整体，当然“元气大伤”。在竞争如此激烈的社会中，你的“窝里斗”必将置你于死地。

作为一个领导，下属由于你的不公而不团结，这真是你的悲哀。领导本该在中间起调和、纽带的作用，促进下属之间的团结。为此你最好实行“等距外交”。

所谓“等距外交”，也就是上面提到的几点，要求你不能与一部分人或个别人过分亲密，而同时过分疏远另一方。在工作问题上，应该是一律公平，工作上一样支持，一样看待。不要戴着“有色眼镜”看人，不能因人而异，“看菜下饭”。

要时刻坚持客观公正的态度，不为流言蜚语所左右，力戒主观的想法付诸实践。如果你的行为带有明显的主观色彩，很容易失去公平。公平本身带有客观色彩，而主观与公平当是风马牛不相及，这是很显然的。

4. 对朋友玩小聪明太不应该

朋友之间能力大小不同，各人的财富多少也不一样，这是正常的，可是有的人对朋友耍小聪明，是极不尊重对方的一种表现，其实朋友之间有要求可以直接谈，你玩小聪明，朋友能那么傻而不感觉到、不会发现吗?《太极张三丰》里的君宝与天宝，两个人天分差不多，一个玩小聪明，一个不玩小聪明，玩小聪明的人，占得不少便宜，但是到最后总是他的棋差一着甚至十着，最后是不玩小聪明的人成了大宗师，而玩小聪明的人被狠揍了一顿。

有一种最为简单也最容易赢得别人尊敬的处事方式，那就是以诚待人；有一种看上去很聪明其实很糊涂很愚蠢的处事方式，那便是耍小聪明。

有个故事，说有一个父亲，他有两个儿子。哥哥自以为有点小聪明，总喜欢偷懒。弟弟虽不是呆傻木讷之人，却也好不到哪里去。这兄弟俩差别实在是太大了。一天父亲突发奇想，想检验一下两个儿子的智商，就拿出了两块铁，一块如同鹅卵石，另一块坑坑洼洼，薄厚不均，有的地方十分锋利，甚至可以砍柴，他对两个儿子说："这两块铁，你们一人挑一个，拿它去砍三天的柴，谁砍的多，就把咱家里的鹅作为奖励。记住，磨刀不误砍柴工。"

哥哥一看，砍柴刀当然是越锋利越好，于是拿走了那块坑坑洼洼的铁，虽然早就知道"磨刀不误砍柴工"，但是既然它可以砍柴，也就索性不去磨它了，结果越用越钝，三天下来，只砍了一担柴。话说哥哥拿走了锋利的那块铁，弟弟立刻就把鹅卵石似的铁拿走了，反复琢磨父亲的话，终于想明白父亲是让他把铁磨成刀，然后去砍柴，第一天一点柴也没砍，只是把刀子磨锋利了，但在第二天、第三天，他每天都砍了两担柴，结果获得了奖励。

其实想想我们自己的小聪明，不也正像那块坑坑洼洼的铁一样吗？在看似锋利的外表下，隐藏着不为人知的本质——浮华。只有像故事中的弟弟那样，认真地磨炼自己的才智，才能称为大智慧，成为一个成功的人。

当你的工作遇到困难时，应该不耻下问，这是处世的明智表现，也是赢得人心的明智之举。

一位成功的人如果能获得朋友贡献出全部能力，那是因为他在相处中懂得尊重对方，并赢得了对方的尊重，我们的意识中形成了一个极为强烈的动机——共同得到某种东西——物质上的或者精神上的。每一个人能放弃他自己的个人利益，以一种极为和谐的精神给予合作是难得的，也是必要的。

不管你是谁，也不管你明确的目标是什么，只要你计划通过其他人的合作努力而实现你的明确目标，那么，你一定要在你所寻求合作的每一个人的意识中培养出一个动机，而且这个动机要强烈到足以使我们同你进行完全彻底、毫不自私的充分合作，而不能玩小聪明。

相互尊重的相处，可使我们获得内心的平静，这是玩小聪明而不懂尊重的人所永远无法得到的。玩小聪明的人也许可以短期积聚庞大的物质财富，此一事实是不容否认的。但是他将会为了贪图一时的小利，而出卖自己的灵魂。这也导致了其财富保存期不会太长。

因为只有在正常动机中，中正地合作、友好地交往，才是明智的，无所不利的；也才是恰到好处的令人愉快的为人处世。

5. 做个善解人意的女下属

女性在处世交友中有自己的优势，但是，要想把自己的优势发挥得恰到好处，就要对自己特别的性格（是女性特有的，如撒娇等）进行收敛。这是善待别人，同时也是善待自己。对于男上司，女性当然不可以为“自己是女的”，就可太“随便”。女性想得到特殊照顾的心理，往往反映在工作上怕挑重担，依赖别人，事情办坏了，还觉得委曲，其实这也是对人的不尊重。

我们知道男人是最要面子的，你的男上司也不例外。当面顶撞，那可是最危险的，别以为你是女人他就可以原谅你。其实你有很多方法可以让他接受自己的意见，比如你的温言细语是很管用的。

同时，女同志比较习惯随意把自己的看法说出来，爱好议论自己的上司，这是极不好的，有些东西传到了上司耳里，你辛苦工作的成绩，极有可能会因为那几句牢骚话给抵消掉。

女下属需要维护自己的利益，但不要喋喋不休地向上司提出太多太大或太烦琐的物质利益要求，不能让上司觉得你是特别爱计较的人。过分要求，他会觉得压抑、烦躁。还有你要是要求太多了，会让同事们觉得你和上司太过接近。女性要是和上司的关系太过密切，可能变成公司里的流言，这是最忌讳的。

不能在你的上司面前固执。固执往往不受人欢迎，尤其是发号施令的上司。他希望你合作，希望可以支配你的行动，你的固执只能让上司觉得你不可沟通、没有合作意识、甚至不可一世。

做一个有心人，从上司的言谈、习惯等各个方面观察他的性格。而后顺着他的习惯做事，让他觉得跟你合作愉快舒服，那么你就成功了一半了。

即使上司不经意说的话，也要记在心里，抽时间为他做些他没有或没工夫去做的事。比如上司说最近有本什么书出版了就是没时间去买来，那么你就可以抽空到书店辛苦一趟了。虽然上司说并不期盼别人来做，甚至是没有渴望的语气，可是下属若对上司的话都认真地遵守奉行，是很讨人喜欢的。

上司未必就了解公司里的全部情况，或者是行业的最新动态，如果你能够及时地给你的上司准备一些新的信息（如公司里的新情况，行业里的新动态），让他在工作、会议时有新的材料，感觉得心应手，这也是不错的表现。

上司也需要从别人的评价中了解自己的成就和自己在别人心目中的分量。你可以在公司其他部门，在上司不在场时，闲聊中真诚地称赞他的优点，这些赞美可能有一天就会传到上司耳中。尤其是在上司的上司面前，适度地表达对他的尊敬和赞美，抑或帮他澄清一些误解，这些努力迟早会有厚报。

重要的事必须请示他。时常向他请教，你的上进和尊重会赢得他的赞许，他给你的意见也可使你少走很多弯路。

接到工作要及时动手，迅速准确按时完成，反应敏捷给人的印象是什么都买不到的。在承诺的时间内完成工作任务，勿使整个流程因你而延误。对于力不能及的工作，应在事前提出，绝不可做到一半时打退堂鼓。

人和人之间的好多东西都是相动的，你怎样对待别人，别人也会怎样对待你，女下属一定要尊重上司并让上司对你有好感，依此你可以和上司建立良好的互动关系。这样，你就会打破高不成、低不就的格局，上下相处得恰到好处。

6. 要给领导面子

领导不能高高在上，下属也不能低声下气。这样，上级与下级就可以正确而恰到好处地对待彼此的错误了，而不至于出现冲突对抗的局面。

人是人而不是神的意思是，任何人都会犯错误，包括你的领导，你的上司，也有说错话的时候。那么，当领导说错话的时候，你该怎么办？这当然没有一个一成不变的处理模式，着眼点应该是处理起来恰到好处。

首先你得尊重对方，不能因为领导偶尔说错了话，干错了事，你就要与一帮人把他打倒或者拉下台，那不是民主的作为，而是流氓小混混的无情打击。

至于怎么应对领导的错话，要看领导的脾气秉性、说错话的场合，说的错话可能造成的影响等诸方面的因素来决定你该采取的方法，当然，在考虑应对方法的时候，你在公司里的地位及与领导的关系也是你应该考虑的因素。

如果领导说错了话，不管在什么场合，这些错话并不影响你的利益以及你所负责的工作，你都可以采取装聋作哑的方法，即装作没听见或没听明白。这是一种揣着明白装糊涂的办法，它可以让你避免反击而受伤，也避免让领导处于尴尬和困窘的地位。

当然，你也可以采取听见了，但感到一头雾水那样不明究竟的困顿，做出这样的表情与显示疑问来，要求领导作更清楚的说明与解释，这其实是在提醒领导通过你没弄明白的事进行说明解释给自己说错的话做出纠正的一个机会，这也可以说是给领导架一个梯子或提一个醒。

当然，如果领导说错话是在只有“自家人”而没有“外人”的场合，你也可以揪住领导说错话的小辫子，然后把这错话突出出来，加以夸张放大，然后开一个玩笑，这样，也能幽领导一默，因为，生活是需要幽默的，幽默能调解紧张的氛围，幽默也能拉近人与人之间的距离。当然这么幽默的时候，要看准场合和领导的情绪，要避免踩上地雷和触上“霉头”，那时，可要自讨没趣了。

如果你正在和顾客谈一笔至关重要的生意，而你的领导在中间插了几句不该说的话，而这些话可能影响生意的成功，你该怎么应对呢？

这可能是你在工作中遇到的一道棘手的难题，一方面领导决定着你在公司的职位升降和收入高低，而生意的成功与否又直接影响着你的工作绩效和收益高低，所以你必须权衡重量，决定应对策略，但从另一方面看，领导说了错话，你处理得当，是为公司拾遗补缺，为公司挽回损失，同时也为你提供了表现自己的良机。

这时可以让你斟酌的选择有以下几种：

一是立刻插话说明，借解释进行必需的纠正。

二是提醒领导，让领导自己纠正自己的错话。

三是给领导写条子、使眼色、做手势，暗示领导纠正。

四是不打断领导的话，事后自己在解释中再做申明和补救。

五是事后提醒领导，让他决定怎么去处理。

最不应该做的事当然是当众让领导丢面子或事后对同事谈论领导的错误，用嘲弄的口吻让流言四散传播，并用贬损领导的话来证明自己的聪明和睿智。这种传言总会反馈到领导那里，那将对你的声誉和前途造成危害。

当然，你的领导如果刚愎自用又没有自知之明和用人的雅量，你也没必要绞尽脑汁去为他掩饰，你该认真考虑的也许是跳槽，去找一个虚怀若谷、思想开明的好领导了。

7. 好朋友也要分清你我

中国有一句古话，“亲兄弟，明算财。”朋友交往，有的人很讲义气，不分你我，像一个人似的，可是往往发展到后来都是因为扯不清的经济账而心存芥蒂，甚至分道扬镳。到了算账的那一天，就又要争出个高低来，还不伤害感情吗？

所以，最好的关系也要分清你我，这是处世的经验，也是正常的与人性化的。朋友之间的利益有重合的方面，也有不能重合的方面。

即使是相爱的恋人也需要分清你我，划清界限是为了让爱情保持新鲜。爱情是一种感受，产生爱情没有固定的模式，留住爱情却有许多规律可循，适时地划清界限是爱情和婚姻的保湿因子。在爱情中保持清醒的头脑的确不很容易。不妨给自己定个约法三章，提醒自己凡事不能过；热恋也要保持自己的个性；有自己的朋友。

财产要分清。再好的朋友财产都要分清。有这样一首诗：你是一团泥，我也是一团泥，两团泥搓在一起，你里面有我，我里面也有你。在教堂举行的婚礼，神父说：“你们以后是一体了。”男人对心爱的女人说：“我的东西都是你的。”女人对男人说：“我是你的。”不幸，爱情消逝了，两个人或其中一个人不想再成为对方的一部分，觉得这是一个负担，认为这是分清你我，划清界限的时候，于是说：“与其要一段破碎的婚姻，不如保存两个完整的人。”男人女人所追求的，向来都是合二为一，感情如是，身体也如是，从来没有想过要做两个完整的人。实际上，如果要保持自己完整，便是有所保留。

朋友间同样如此，关系亲热得愿意把头砍下来送给对方的时候，要特别冷静，想想以后如何相处，因为日子长着呢，不如从一开始就你是你、我是我，反而更好些。消费上与其每次为埋单做一番“苦斗”，不如实行AA制。

各人的角色要分清。有一则寓言很有意义。话说在很久以前，26个英文字母还未被人编排先后次序时，当以字母S、字母B、字母T和字母E这四个字母感情最要好。

一天，这四个好兄弟如常聚在一起聊天。大伙儿聊得兴起，突然有只小蚂蚁经过，便打岔问道：“你们四兄弟感情那么好，到底谁是老大？谁是老小啊？”四个好兄弟一直以来相处和睦，不分你我，倒还未认真分清彼此长幼先后次序的问题。小蚂蚁这突然一问，四兄弟呆了片刻，竟未能即时答上话来。

字母B片刻后似乎想到了什么。他立即说：“T代表Tolerance（宽容），平时总是包容我们的过错，能有如此伟大美德的人应该当我们的老大。S就是Smart（精明能干），还有E就是Elegant（优雅），应该当老二及老三。至于，B就是Bottom（最后），顾名思义应该当老小。”

大家听了B的建议后，都沉默了一会儿，随即不约而同地有了共识。T、S和E很有默契地一致认为B就是我们的老大，因为我们最珍惜的是B代表的Brotherliness（兄弟情谊），而不是Bottom！结果，T以他伟大的包容心选择当老小，S则认为E的优雅犹重要过自己的精明，于是当了老三。就这样他们四兄弟依先后次序排出了“BEST”这个最佳组合，后来“BEST”也就自然代表着最佳的意义了。

小蚂蚁听了他们的解说和安排后，终于明白了兄弟间最重要的是什么。他兴奋地跑回去将这讯息传达给蚂蚁兄弟。从此蚂蚁兄弟也受了这讯息的影响，大家总是一条心地进行工作。

朋友的朋友并不必然可以成为你的朋友。小章有位朋友是知名画家，另一位朋友是外企白领小江。画家与小江并不相识。一天，小江得知小章有位画家朋友，便想去结交，缠着小章上门拜访。这可为难了小章，他知道画家朋友不想多交朋友。在小江一再催促下，小章只得把小江带去见画家。画家果然不高兴，寒暄了不长时间他们就离开了画家家。画家后来对小章说，你随时都可以到寒舍来，但不要随便带别人来，哪怕是你的朋友。

你的那些朋友如果不是一个圈子或层次的人，那么在交往中，还得注意彼此的活动范围，不能把张三带到李四活动的地方去，也不能把李四带到张三活动的地方去。因为张三不一定习惯李四的活动环境，另外，李四也不一定欢迎张三。打个比方，你老家有位朋友进城了，由于他的身份、学历和生活方式的限制，不宜跟你去上流社会活动的场所。否则你不是为老乡开眼界，而是让他陷入难堪的境地。另外，他过多地了解你在其他社交圈子的情况，有可能产生副作用，因为他的宣传或许会变味。有个朋友，是搞证券咨询的，与他结交几年来，一直没有到他的证券业朋友圈子里去，因为不玩股票，去了也没意思，他和我都意识到了这一点。这就是恰到好处地分清了彼此的活动圈子。

[第十章]

RENMAIDEGUIJI

距离——用诡计润滑浓淡的情谊

“君子之交淡如水”，这句话经常有人说，但总是淡也不好，朋友在一起冷冰冰的，没有什么意思，所以这句话得与另一句话联系起来理解——“水至清则无鱼，人至清则无友”，朋友之间还是该淡时淡、该浓时浓最好。

处理好人与人的距离，莫不是处世的学问，而距离就在淡与浓之间，就看你如何去把握了。

1. 话说三遍淡如水

人与人平等，或虚或实，就看你怎样撩起他的面纱。有些事情与是否平等并非有必然的联系，例如你对一个朋友说：“你不该这样办事，而应该……”而对另一个朋友说：“你为什么这样办事？”对前面的朋友需要把真话说透，而后面的朋友只用说一半真话就行了，或者提示一下就能管用。两个朋友会感到不平等吗？非也。不同的说法只与对方的接受能力有关，并不是关心一个，不关心一个。所以，不要把一些与平等不相关的事混淆了。

对朋友要讲真话，但是真话看什么场合说，在不利于朋友接受真话的场合，你对他说了真话反而对他来说是故意给他丢丑。这时候最好的办法是旁敲侧击，或者说一半留一半。只要对方明白过来就行了，不必说得清清楚楚，让其他人也听到了。

田丰是三国时一个著名的谋士，可是他在处世交往上却经验欠缺。一，他不了解袁绍的性格与气量，以为可以得到平等的待遇；二，他说真话选择的场合不对，当着那么多将领说袁绍战略决策的错误，岂不是伤他的面子吗？无所不能的袁大帅会认为，你田丰算哪棵葱？竟把老子往脚下踩！如果田丰私下对袁绍说“大帅，你出兵官渡有所欠妥啊。”这样结果会怎样呢？田丰还会被关起来接着被砍掉脑袋吗？

真话说一半是水平，也是方法。像袁绍这样的傻瓜，就是真心话如三江水一样多，也只会先淹死自己。

对于一个反应能力差的人，你对他说真话，只会给自己制造麻烦。谁不知道“话说三遍淡如水”。可在实际生活、工作中，一些人还是“话说三遍”，甚至更多。尽管事与愿违，但说话者却还在埋怨听话者的迟钝、没有悟性。这样的人，空有一副好心肠，处世上却是失败的，至少白费了自己的口舌。

“话说三遍”，是觉得“话”有理，“话”重要。因此，就要重复一遍，然后再强调一遍，或者更多，生怕别人听不懂，生怕别人听懂了而没有引起注意，或没有引起足够的重视。

可以说，“话说三遍淡如水”，其中的“话”有些是有理的，是该说的。问题是这“三遍”的过度。过犹不及，有理；超过了度，也就无理了。“三遍”虽然用心良苦，但却很少有事半功倍的。

首先，真话说过头了，易伤害对方的自尊心。每个人都有希望得到别人信任、赞赏的心理。“三遍”容易使对方误解，好像觉得自己太笨，太没有灵气。

其次，真话说过头了，易挫伤对方的积极性、创造性。一般人都有举一反三的能力，说话者若能起到抛砖引玉的作用岂不更好？

第三，真话说过头了，易诱发对方的逆反心理，尤其对于逆反心理较重的人来说。你的“话”尽管有理，只是由于“说”多了，“说”得对方不耐烦了，对方就很容易对着干，越说越不办。

其实，有理的“话”，重要的“话”，说在明处，说得恰到好处，“说”到见好就收就算可以了。心有灵犀一点通。说话，能够提醒对方，对方的聪明才智就可发挥，并且，最为重要的，对方会感受到一种虚妄的平等，而信心十足。

2. 办公室玩笑是人际关系的润滑剂

你喜欢对人开玩笑吗？生活压力大，朋友、同事之间相互调侃、开开玩笑，也许是放松自己、改善同事关系的一剂良药，但是开玩笑可不是闹着玩的事，弄不好玩笑成了“完笑”。有位朋友深有感触地说，办公室玩笑是人际关系的润滑剂，也是惹祸上身的导火索，开不开还得要因人而异，因场合而异。

上司适当的时候与下属开几句玩笑，会达到一种彼此平等的效果。而同事之间不恰当的玩笑，会让人感到被歧视了，失去交际的平等认同。

适当的玩笑是对死气沉沉的空间进行必要的“补氧”。常在河边走哪能不湿鞋？一天到晚比老婆老公相处的时间还长的同事之间难免产生小误解，在扎实的专业能力外，机智幽默的玩笑的确能化干戈为玉帛，而且轻松的环境也有利于提高工作效率。

玩笑好开人难悦。大多数人对玩笑的接受程度是相当高的，但也有人很讨厌别人同自己开玩笑。

在你没有确定你周围的同事里谁是讨厌开玩笑的人之前，建议你还是要小心一些。即使是接受玩笑，你十分了解的同事，心情也是有阴晴冷暖的起伏，所以在你三箩筐玩笑出口前，最好看看人家的“天气预报”。

老板的玩笑不是好开的。虽然有不少人认为玩笑没关系，但开玩笑要看场合，要掌握好分寸。

在你感觉言语幽默机智的玩笑背后，实际上是对别人观念和智慧反馈的试探与沟通，如果老板没听懂你自认为有意思的笑话，是对谁的智商的贬低？如果这个玩笑过于简单低级，是对谁的智商的贬低？

有些上司在工作中经常运用幽默能使人感到亲切自然，进而充分体会工作的愉悦。管理者进行管理活动的目的是为了使员工准确、高效地完成生产任务，而一个轻松的工作气氛十分重要。在一些令人尴尬的场合，恰当的玩笑可以起到调节气氛的作用，有助于缩短彼此的心理距离，改善自己在下属中的形象，并在无形中提升亲和力。但是上司也应该避免利用玩笑讽刺下属，那样只会产生抵触情绪，对实现管理目标毫无帮助。

开玩笑要看时间。当别人在生活中遇到不幸和烦恼时，情绪比较低沉，常常需要的是安慰和帮助，如果这时去打趣逗笑，便不合时宜了，弄不好，人家还以为你是幸灾乐祸。即使是同一个人，在不同的时间里也会有不同的情绪。例如：工作不顺利，遭到领导批评，家庭发生矛盾等等，情绪都可能会出现低落，这时就不宜去开玩笑。

开玩笑要看对象。人的性格各不相同，有的人活泼开朗，有的人沉郁寡言，有的人豁达大度，有的人则小心多疑，对不同个性的人，要做到因人而异。同样的玩笑，对有的人可以开，对其他的人就不能开，对男性可以开，对女性就不能开，对青年人可以开，对老年人就一定不能开。如果不注意各人的特点和承办受能力，就会伤害别人的自尊心，影响人与人之间的感情。本来是一次比较愉快的聚会，结果也可能弄得不欢而散。

开玩笑要讲究内容健康。拿别人的生理缺陷开玩笑，这是故意揭人家的“疮疤”，把自己的快乐建立在别人痛苦之上；津津乐道男女之间的私情，绘声绘色地传播庸俗、无聊甚至下流的情节，这是在寻求感官刺激；捕风捉影，以假乱真，把小道消息作为茶余饭后的笑料，这是种不负责任的低级趣味。凡此种种，都是属于开格调不高、内容不健康的玩笑，是不应提倡的。开玩笑的内容一定要清新健康、风趣幽默、情调高雅，使所开的玩笑带有思想性、知识性和趣味性，使大家在开玩笑中学到知识，受到教育，得到陶冶。

开玩笑要看场合。当别人在专心致志地学习和工作时，不应去开玩笑，以免分散其注意力，影响别人的学习和工作。在一些比较严肃、紧张甚至是悲哀的场合和气氛之中，例如参加庄重的集体会或重大的活动，包括平时参加各种会议时，也都不能嬉笑打闹，以免冲淡现场的气氛。在公共场合和大庭广众之前，也应尽量不要打趣逗笑，因为人多嘴杂，容易引起某些不必要的误会。

3. 与阿谀奉承的人拉开距离

阿谀奉承的人多是制造是非的人，他的人格是扭曲的，他奉承人是有目的的，他会捧你，也会毁你，所以在与人交往中最好与阿谀奉承的人保持一段距离。如果他生活在你的身边而你又摆脱不了他，那么，你就应在心里与他保持距离，不能被他的几句奉承话把你变成了一个平庸的爱听假话的人。

如果有人阿谀逢迎，极尽奉承之能事，作为我们是心悦诚服地领受，还是回避拒绝？接受了这种奉承，只能使小人得意，拒绝了这种奉承，于人于己都是有益的。

溜须拍马是我们在日常生活中经常碰到的事情，而且在有些时候，我们都自觉不自觉地就拍了别人的“马屁”。当然也会被别人自觉不自觉地拍了自己的“马屁”，这些都是不可避免的。

“拍马屁”与“被拍马屁”，本来也没有什么太多的坏处，大可不必过于在意。然而就领导而言，对于“被拍马屁”这件事还是应该多注意才是，尤其不能对“拍马屁”者大开绿灯。

在日常生活中，就有那么一帮人，专以“拍马屁”为生，而且他们还具有相当技巧，拍起“马屁”来不显山、不露水，让你浑然不觉，不知不觉中上了他的当，最终受害的还是你自己。况且，也确有不少人被奉承者弄昏了头，把升迁的制度变成了“党派之争”：谁对他毕恭毕敬、阿谀奉承，就对谁恩宠有加，大加赞赏和关爱。无疑，这种人更助长了阿谀之风的盛行。但是，明智的人则不会这样做，他不会中这个圈套，也许反而会对喜欢拍马奉承的那些下属感到十分鄙视和厌恶。

我们应当保持清醒的头脑。哪些是实事求是的评价之辞，哪些又是阿谀奉承之辞；在阿谀奉承之中，哪些人是出于真心而稍稍过分地赞美几句，哪些人又是企图通过奉承而达到自己的某种企图；哪些奉承之辞中含有可吸取的内容，哪些奉承话都是凭空捏造、子虚乌有等等，诸如此类。对于这些绝对不能含糊。

对于实事求是的评价，要认真听，认真记，并注意在以后的工作中继续保持这种风格。赢得人们信任的同时，也会对我们的前途发展起到良好的促进作用。

对于出于真心而稍稍过分地赞美你几句的人，不妨一笑了之，抑或谦虚一下。让别人在真心赞美你能力的同时，也认识到你的人格魅力。这样，岂不是更有助于你赢得朋友的信任和尊重吗？

这的确是一个好机会，心与心之间真诚地交流，在这种会心的交流中，你的才华得到朋友的进一步认可，可以促使你更加充满自信地进行社会活动。

如果满足于小人对自己的吹捧而昏昏然，最终则不免自取其辱。

美国迪斯尼公司创办者沃尔特在给妻子写的一封信中说：“这个行业是最搅不清的。这个行业没有机智，没有应变能力，没有专业培训是不容易显露头脚的。有些一肚子诡计的人，看起来很可爱，往往是由于没经验，反而容易上当，我之所以没有像羊入狼群，是因为庆幸请教了一个人。很乐观、自信……认为很值得让人放心的是鲍维斯。”

然而，欺骗沃尔特的人，不是别人，正是他非常信任的那个鲍维斯。鲍维斯说，他拥有一组称为“电影声”的独立录音系统，可以为卡通影片录音。据说只需要一两位音效人员和五六件乐器即可。由于沃尔特的信任，一笔又一笔的钱流进了鲍维斯的口袋，最后他对沃尔特假惺惺地说：

"我特别想帮助你。你的米老鼠也可用来推销我需要的电影声。比大公司给你的钱还要多，我可以帮你做到。我可以负担卖到每一个州的放映卡通片的权利的一切费用，包括推销员的开销。给我1/10的毛利就行了，咦！这是摄制卡通片的钱。先借给你。"

一个月过去了，但一直没有支票汇过来，满怀希望的沃尔特派人去了一趟纽约，还是没有拿到，这时的沃尔特才恍然大悟：鲍维斯是个大骗子。

曾为墨西哥革命英雄维拉做顾问的更塞·雷辛被沃尔特请去当法律顾问。1930年1月，沃尔特请他去纽约找鲍维斯谈判，鲍维斯说，他并不重视米老鼠，米老鼠的成功不过是无意的，他只负责推销电影声，他希望续约在一年后顺利进行。沃尔特提出不付清旧账，免谈续约。鲍维斯说他能判对方续约，随后，他拿出一封内容是乌比和鲍维斯签约，并由他每星期给乌比300美元摄制新卡通片集的电报给沃尔特看。

与他一起辛苦创业的乌比也会背叛他！这怎么可能？沃尔特一下子像被推下深渊，呆呆地愣在那里。

4. 该淡则淡该浓则浓

"君子之交淡如水"，这句话经常被人说，但总是淡也不好，朋友在一起冷冰冰的，没有什么意思，所以这句话得与另一句话联系起来理解——"水至清则无鱼，人至清则无友"，朋友之间还是该淡时淡、该浓时浓最好。

处理好人与人的距离，莫不是处世的学问，而距离就在淡与浓之间，就看你如何去把握了。

你可以与你的老板交朋友，但是在工作中，你与老板的角色是不同的，不能以为自己是老板的朋友就可以在单位或公司里也称兄道弟起来。老板还怎么工作？他怎么去安排他人工作？他怎么处理好大家的关系？他又如何区分工作与人事上的是与非？有一个人，上班时喜欢拿着茶杯到老板的身边，找他吹牛聊天。公司来人，他也不回避，仍旧坐在一旁，还不时地插几句，严重地干扰了老板与客人的交流。

像这个人，就是由于在与朋友相处时没有做到该淡时淡，使朋友关系对工作的负面影响增大。

如果你的老板非常器重你，经常带你出席各种社交场合，那么，你千万不要得寸进尺，保持适度的距离对你是有好处的。

也许你发现你可能正在成为老板的朋友甚至是哥们，但是你应该把握好尺度。

任何一位领导在对待下级问题上，都希望和下级保持良好关系，希望下级对他尊重、服从、喜欢。所以，当他愿意和部下建立朋友关系且愿意建立情感沟通时，总是不希望用这些超越或取代上下级关系。也就是说，他必须保持自己一定的尊严和威信。

和领导保持一定距离，还有一点需要注意，即注意处理交往的时间、场合、地点。有时在私下可谈得多一些，但在公开场合，在工作关系中，就应有所避讳，有所收敛，否则领导做出对某个人的工作安排或者对某个人的处罚，就会让当事者感觉有你的“阴谋参与”，到时候你会吃不了兜着走。

老板再民主也需要一定的威严。当众与老板称兄道弟只能降低老板的威信，并且其他的同事也开始对老板的命令不当一回事。

当老板发现他的工作越来越难做，而最终他发现是你破坏了他必要的威严，那么，等待你的将是被老板疏远。你更不要试图更多地参与老板的私人生活。隐私对一个人来说是必要和重要的。也许老板在某些时候，对你没有什么戒备，让你进入了他的私生活，但你不可从此就随便走进他的私生活。

当然，你能够同老板交上朋友，说明你与老板的距离很近。但是，这种朋友关系的最佳状态，是业务上的朋友和工作上的挚友。如果你能推动老板在公司中的地位，你就是他最好的朋友。否则你就是个制造是非的人。

记住，老板欣赏你，绝不是为了与你交朋友，而是让你为他服务，争创效益。

但下班后，你可以与老板放松地聚一聚，喝喝酒，说说笑话，情浓如酒。老板毕竟是人，需要一个可以倾听的对象。

5. 搞不清是非曲直不如沉默

也许每一位处世交友的人都会有这种切身的体会：在某些特殊的场合，说话都要谨慎，要像收紧的小口袋那样，将想表达的意思好好地组成合适的语言，且用合适的语气表达出来，切不可张嘴就说，说过后又不负责任，不认账。要知道这样会给自己惹出一些不必要的麻烦，还会损害自己的名声。

所以，对于那种口无遮拦的人，切切要谨慎，管好自己的嘴，否则会误事的。

有位企业人事资源部部长讲过这么一件事：一天，她办公室来了一位应聘的年轻人。表面上看去很内向，回答问题时，显得有些木讷。但在十几分钟时间里，竟然抢着别人的话题说了不该说的话。于是，她果断地判断这是个爱管闲事、口无遮拦又缺乏经验和修养的人。于是对他说："请到其他单位去试试吧。不过，想送你一句话，'今后无论你在何处高就，都要谨慎开口，不该说的话半句也不说，该说的话一定要认真、诚恳地说好'。好吧，你走吧……，"真是一位心肠太软的女士，宁可得罪一个人，也要想办法帮助一位青年改正自己的缺点。

试想，如果这位年轻人依然我行我素，还能找到理想的单位吗？还能受到朋友的喜欢吗？人们都说“人言可畏。”要知道那些可畏的“人言”正是从“快嘴”、“油嘴”中溜出来的。用绳子将那些“快嘴”、“油嘴”扎紧，闲言碎语就少了，是非也会少许多，烦恼自然也会少很多。

与朋友在一起聊天时，我们经常会为无谓的小事“抬杠”。争辩的结果也许能分出胜负，但绝对不会有助于增进彼此的感情，相反，还会伤害彼此的感情——争辩的程度越厉害，对彼此的精神伤害就越大。

为了一时的痛快或为了面子而争辩，即使你在争辩中获胜，心里得到了暂时的满足，但你却会失去对方的感情——我们即使表面上服了你，内心却会更加厌恶你。所以，这时，看起来是你胜了，其实是你败了。

斯蒂夫·哈德逊是一个专业运动员和为商界精英服务的私人教练，他说：“当对是非问题尚未弄清原因前，就送人一份礼物——沉默。”他被人们认为是一个最了不起的倾听者。他的训练效果有一半归于他的聆听能力，而沉默是这种能力的表现之一。他训练他的客户对沉默表示尊敬。他说：“如果你和一个重要的人在一起，你所要做的仅仅是保持沉默，让他们说话，思考，让他们打开心扉，把那些一直想说但却常常被别人的高谈阔论吓回去的东西讲出来。何况一开始你并不明白他们所讲的真正含义，乱插嘴是不讨好的。当保持沉默的时候，一种纯粹的自己开始与自己对话，它引导着，给以心灵的触动。静默下来的时候，可以听到另一个人的声音透露出几种含义，从这些含义里进行分析，找到认为真实的东西。”

生命中往往有连舒伯特都无言以对的时刻，你在处世中毕竟不是对所有的是非问题都能区分清楚，甚至可能根本没有真正的是非，而被你胡言乱语闹出了是非。那么，不想说话，就不说吧。在多说无益的时候，也许沉默就是最好的解释。和别人发生意见上的分歧，甚至造成言语上的冲突，所以你闷闷不乐，因为你觉得都是别人恶意。别再耿耿于怀了，回家去擦地板吧。拿一块抹布，弯下腰，双膝着地，把你面前这块地板的各个角落来回擦拭干净。然后，重新反思自己在那场冲突中所说的每一句话。现在，你发现自己其实也有不对的地方了，是不是？你渐渐心平气和了，是不是？

有时候你必须学会闭紧你的嘴巴，同时把腰弯下，因为这个动作可以让你谦卑。这样做恰到好处，是你的又一个收获。

6. 刘备为什么喜欢关羽？与上司的异性朋友不能暧昧

距离始终在证明着人与人之间的关系。一个向左，一个向右，两个人永远走不到一起；而近在身边的女同事，你却不能对她有非分之想。夫妻或许同床异梦，而远方的朋友却让你牵肠挂肚。

笔者有个同事小鹏，他只干了两个星期就被糊里糊涂地炒了鱿鱼。他问什么地方做错了？招聘笔试和面试时老板都那么赏识他，可进了公司上班不久就突然因为什么事得罪了老板，虽然是以工作错误为由被辞退的——实际上那算不上什么错误，尤其对于一个新员工，那样的错误如果都不给予原谅，那么公司就不可能招到员工。但笔者清楚他被辞退的真正的原因，笑着对他说："你太年轻。"小鹏以为我说他幼稚，便在被炒鱿鱼的事实面前承认"自己缺乏工作经验"。其实说他年轻，是指他不应该让已经不年轻的主管感到自己喜欢的女下属被一个年轻的小伙子看上了。

主管老程爱上的那个女孩，有一颗强烈的虚荣心，她告诉老程，新来的小鹏想追求她。老程尽管是个有妇之夫，见办公室情人被别人看上了，心里仍然很不舒服。老程的朋友也说新来的小鹏不是个东西，竟打起小春的主意。老程笑了笑，人家年轻人谈恋爱是正常的，心想你老程总不能不让小春嫁人吧。接下来几天，老程在观察小鹏的一举一动，并时而挑他工作上的毛病。小鹏是个愣头青，竟麻木到连主管喜欢小春都察觉不到，他继续发扬现代人快速寻找女友的风格，天天套近乎，而小春为了讨好老程，或者捞一些资本，就天天汇报，小鹏如何越来越向她示爱。老程再也受不了了。他决定把小鹏赶走，虽然他没有直接炒下属鱿鱼的权力，但他占有向上级反映办公室工作的先机。

上级问新来的几个员工怎么样？老程说，有几个还可以，但小鹏不行。他夸张地说小鹏如何不胜任工作。上级信任老程，不做调查，就接受了老程的看法，“对小鹏这样浮躁的年轻人，没有培养的必要，让他早离开比晚离开好。”

第二天，老程用同情地口吻对小鹏说，昨天老板来检查工作了，认为你不能再试用了，明天就不用上班了。

在与小鹏分手时，一同事对他说：“此处不留爷，自有留爷处，但是，你以后要注意，新到一个公司，上班第一阶段要探探水的深浅，不能随便下脚。例如，你喜欢女孩，要把喜欢藏在心里，要了解这个女孩在你来之前是不是被老同事爱着，尤其是不是被主管（主任）爱着。”

小鹏恍然大悟，尴尬地笑了笑，然后叹气道：“怎么会是这样呢？老程有老婆了，小春还是单身女孩。”同事说：“那是另一回事。用道德谴责，一时轮不上你，你要的是一份工作与和谐的办公室人际关系。你刚来，不懂。比如你就可以对老程说不，因为他不敢对你怎么样，反而，他必须拉你与他站在同一战壕，他喜欢哪个女下属，逃不过大家的眼睛，可以劝他注意影响，但不会夺他所爱……”

人在职场，你在老板眼皮下面轻举妄动爱他所爱，简直无异于自寻死路，即使你的老板和他的所爱之间的关系像办公室里的桶装纯净水一样透明，你也别忽略一个正常男人对异性的占有欲和对同性的嫉妒与敌意，就像你在大街上看见一个超级美女被一个臭男人拥抱着的时候，你一样也会心中暗骂：“哼，这走运的臭小子！”

即使你不是新员工，你也得观察老板爱的触须往什么地方牵引，他一旦喜欢上某异性下属，那么你就要注意自己的位置，不能让老板感觉到你也在喜欢其所爱的人，你要控制与办公室异性交友的冲动。刘备为什么喜欢关羽？还不是关羽千里走单骑护送两位嫂子甘夫人和糜夫人，一路上保驾护航，没动一丝占有的邪念，感动了刘备？有关羽这样的下属领导才会放心。

所以，把握自己特别重要。关键在于自己要知道自己“所欲”与“所不欲”，分清理智与感情。当你经过考虑，觉得自己手头这份工作更重要，换句话说，你不愿意为了一个办公室恋人而放弃工作，那么你与上司喜欢的女人就得保持距离。保持距离，说起来容易，做起来很难。建议如下：

1. 在进入公司之前要告诫自己，绝对不要发生办公室恋情。

2. 要问清楚主管以及每个员工的恋爱和婚姻情况，从张三那里问李四，从李四那里问王五，因为有时直接问对方或许不高兴，或许隐瞒事实，有的人为了讨异性喜欢，正在谈恋爱也说没谈。

3. 工作中只有同事没有男女，所有的绅士风度请在工作外使用，工作中只遵守办公室规则即可。

4. 尽量避免与上司喜欢的异性同事单独在一起，请上司吃饭，上司如果建议可否带上一个异性下属，那你对这个同事，热情绝对不能过度。

5. 已婚同事请在第一时间告知大家自己已婚，并在显著位置摆放家庭合影，一些场合携老公（或老婆）出席。

6. 如果已经发生了办公室恋情，请牢记不要在办公区域内有亲昵举动。

7. 最好在办公室恋情发生后，一方离开此公司。如果你爱上上司喜欢的异性，就准备着被他炒鱿鱼吧。

7. 好朋友之间也不可无视隐私

现代人的生活方式、思想观念大都较为前卫，但有些人特别注意捍卫自己的隐私权，所以你可别轻易侵入对方的这个“领地”，除非对方主动向你说起。再好的朋友，某些方面还是要保持必要的距离。

有不少人认为过分关心别人隐私是无聊、没有修养的低素质行为。这就意味着你与这类同事、朋友在一起时，得掌握交往的尺度。工作或是信息上的交流、生活上的互助，或是一起游玩，都会让双方感到高兴，可是千万别介入他们的隐私，不然对方会讨厌你、鄙视你，把你看做是无聊的人。

同事是工作伙伴，不可能要求我们像父母兄弟姐妹一样包容和体谅你。很多时候，同事之间最好保持一种平等、礼貌的伙伴关系。你应该知道，在上班时有些话不能说，有些事情不能让别人知道。

为了自己的隐私不让人知道，你应该首先弄清的问题是：你的家庭背景是否会对你的工作产生影响？你与某些亲人或者朋友的关系是否不宜让别人知道？你的历史记录是否会影响别人对你道德品质的评价？你的一些与众不同的思想是不是会触动一些敏感的神经？你的生活方式是否有些与传统相悖？你与老板的私交是否可以成为公开的“秘密”？你与公司上层的某些私人渊源一旦曝光，会给你带来障碍还是好处？

隐私本身也是一个相对而言的概念，同一件事情在一个环境中是无伤大雅的小事，换一个环境则有可能非常敏感，以上列举的，可都属于你的隐私范畴。

接着你要注意的问题是：不要在公司范围内谈论私生活，无论是办公室、洗手间还是走廊；不要在同事面前表现出和上司超越一般上下级的关系，尤其不要炫耀你和上司及其家人有私交。即使是私下里，也不要随便对同事谈论自己的过去和隐秘思想。除非你已经离开了这家公司，你才可以和从前的同事做交心的朋友。如果同事已经成了你的好朋友，不要常在大家面前和他（她）亲密接触。尤其是涉及工作问题，要公正，有独立的见解，不拉帮结派。对付特别喜欢打听别人隐私的同事要“有礼有节”，不想说的坚决说不。

隐私很多时候由敏感问题引起。先无意把对方的隐私传出去，可是双方一敏感，嫉妒心产生了，就会以传播对方的隐私来获得心理的平衡。

女性之间的妒忌多半因容貌而起。女人爱妒忌。妒忌可以说是女人明显特征之一。而女人又往往因为容貌姿色才处于“优位”。所以，女人对容貌、衣着以及风度气质所带来的爱情生活、夫妻关系等相当敏感，很容易产生妒忌。比如，一个姑娘因有一张漂亮的脸蛋而被不少小伙子包围着，那些容貌平平的没有人追求的姑娘，自然会对她产生妒忌。这时，你作为男性，千万不要在女性之间当面夸赞其中某一姑娘：“某某真漂亮!”“某某的穿着打扮真时髦!”“某某的气质太迷人了!”“某某的男朋友见过，特帅，特有魅力!”这不仅会引起其他女性的妒忌，而且会对你产生一种莫名的敌意。

男性之间的妒忌大多因名誉、地位、功业所致。男人对社会活动能力、工作业绩、创造手段等最为关注，也最易导致相互妒忌。比如，某人晋升后赢得了不少漂亮姑娘的追求，某人因才华出众、能说会道而显身扬名等等，都会受到身边其他男人的妒忌。因此，在男性之间，作为女人不宜当众评头论足，说什么“某某真能干!”“某某女朋友真标致!”“某某和你一块来的吧？现在已经是厂长了!”如此，就是再敦厚的人也会产生对他人的嫉妒之心来，继而把对方的隐私传出去。

8. 小气人"充大方"的学问

付出也许不会很快得到别人认可，但付出比占有更能帮助自己建立良好的人际关系。

生活时时处处在启迪着我们，一个人价值的实现，不能只顾及个人生命和利益的存在。并且，个人不能离开他赖以生存的群体，不能离开由这么多群体所构成的社会；个人的生命价值是由他人、社会给予评判的。只有在一定的社会条件下，个人的人生价值才能得以体现出来。所以自私的人往往是没有好人缘的。

为人不要太小气。节俭不是小气，节俭的人是该花钱的时候花钱，不该花钱的时候不花钱，这是理性支出。而小气却不同，是处处抠门。小气的另一面是喜欢沾光，沾别人的光。一个人的性格是很难改变的，但为了处世交往，不能不学点大方的窍门。

一是巧借亲情达到处世的目的。

利用亲戚关系去为自己"大方"，以期达到办事的目的。徐志摩还在7岁的时候，就已非常聪明，并且对语言及文学表现出浓厚的兴趣，但直到15岁了，他还觉得自己在这方面的学习长进不大，因此迫切需要一位精于此道的老师来指点。可他小小年纪，身上哪来钱财去搞社交？

当他听说有一位叫梁子恩的人很有文学造诣，就想投入其门下学习，但苦于没有人从中引荐。巧的是，徐志摩的表舅与梁子恩是同窗好友，于是，他就前往表舅家请求表舅为其引见。但徐志摩的这位表舅是一贯不希望自己的外甥去学什么文学的，他很想让徐志摩去学医，他认为这风月诗词之类，只能是闲时消遣之物罢了。

在与表舅的一番交谈中，徐志摩充分表达了自己的迫切愿望，他那坚定而略带哀婉的语气，以及对长辈的谦恭之情，深深地打动了表舅，使表舅觉得这个外甥很有志向，最终答应了他。

如果你小气而又想办事，那么就利用亲戚关系吧，但是并不是无限制地乱利用，如果不顾一切去利用，那不但会伤害亲情，亲戚最终也会被你的小气吓跑的。

二是借同学的情谊办个人的事。

同学关系是非常纯洁的，有些同学为人很大方的，尤其是隔了多年未见的老同学，你去求他办事，他极可能帮忙。平时同学聚会，你要参加，这样你会知道哪些同学到时候可以帮助你。

三是借乡情为办事的途径。

一个人无论是出于什么原因，离开家乡，离开生他的土地，也许开头并不感到有什么难过，但时间一久，或在他乡碰到不习惯的生活习俗，或遇到挫折，他就更会感到家乡人的亲切。所以你办事找找老乡，是一种可行的办法。“送千送万，不如老乡”。去找老乡的时候，多谈家乡的话题，以此来触动对方的思乡情绪，达到共鸣。

一个人太小气的不好，建议还是学着大方一点，因为你滥用或透支人情财富，会对自己将来很不利。有个人主编某份杂志，由于杂志的收益差，不仅人手少，稿费也不高，但他又不愿意因稿费不多而降低杂志的水准，于是他开始动用人情向一些作家约稿。这些作家和他都有过交情，但其中一位在写了数篇之后坦白地向他说：“我是以朋友的立场写稿，但你们稿费太低了，错不在你，但你这样做是在透支人情。”

朋友之间总会有些人情的，有些人便喜欢用人情来办事，但人情是有限量的。弄不好，你们就会关系渐渐疏远，最后分手。所以你必须少占便宜、不占便宜，让朋友或他人在你身上也能得到帮助，这样相处就恰到好处。

9. 恰当的时候送上一份礼

做任何事都有个恰当与不恰当的问题，送礼也不例外，只有在恰当的时候送恰当的礼，才能收到良好的效果。

人与人之间交往，送礼虽说是一种常见的活动，很少有人轻易拒绝礼物，但是不分时间、场合的送礼，就不能达到送礼的目的，反而让双方难堪尴尬。有个朋友与一位领导只见了一次面，虽然身上有他的名片，当时也约他以后到他家去玩。可是这位朋友以为可以与这位领导交往了，不久就送礼，结果被人家挡了出来。所以送礼一定要选准时机，不能乱送。一般来说，送礼的最佳时机主要有以下几个方面：

生日礼物送祝福。平常日子不妨把上司、同事和下属以及亲朋好友的生日记在一个小本子上，并在家里的挂历上用红笔画个圈标个记号，待到某某人过生日的这天或前一天，你可以送上一份特别的礼物，甚至为他筹办生日宴会，这会很令他感动，是达成办事效果的有效手段。

偶发事件送感动。比如当你听说某家楼房煤气爆炸，某栋住宅楼发生盗窃，某个住宅突发火灾，或是某个地区遭遇洪灾，而这些出现灾情的地区正好有你的亲戚、朋友或熟人，这时你不妨打个电话去探问探问。这样，得到你关心的人会有遇到真朋友的感觉，从而会对你铭记于心的。日后有事去求他，他一定会尽心尽力帮助你的。

卧病在床送温暖。人一旦生病卧床不起，都会变得脆弱与烦躁，名声、虚荣也都顾不上了，这时候他最需要的是别人来探视他，你要很好地利用这个机会。

如果亲朋好友因病休假在家，你就应该在完成一天的工作后，带着礼物去他家里探病慰问。闲聊时不要谈及工作，多讲些轻松、有趣的故事和消息。告辞时说些祝福的话，要表现出真心、关心、同情与诚恳的样子。

如果你因故没有机会去探视，可以派家人去探视，或在其病好后与之相遇，最好只问一下他病好了没有，或装作不知道他生病了，千万不要愧疚地说没有去探病、请原谅之类的话，因为那听起来让人感到很虚伪。

探视看病，时效性强，越快越好，不要犹豫不决。

婚丧嫁娶送真情。结婚、生小孩以及死亡举行丧礼等等婚丧嫁娶是送礼的好时机。亲朋好友、上司或下属的孩子有婚嫁之喜、生小孩之喜时，要及时地送去礼金礼物，对于结婚会场、宴客应酬也要尽心帮忙。最好在这样的时刻替他们照相，日后可作为一份礼物送给他，这样会很讨得他们欢迎的。

当你听说有人去世了，应主动慰问死者的家属，举行葬礼时还要去送行。如果实在抽不出时间，可以用电话致意。

抓住送礼的机会，既能表达自己的真情实感，又有利于你所办的事获得成功。常言道："礼不可乱送，药不可乱吃。"

再来看个送礼不恰当的例子。汪某的顶头上司张主任过50岁生日，他为了讨主任欢心，特地花1000多元买了一座精致的座钟，包装得漂漂亮亮的，前往张家祝寿。汪某一到张家就恭恭敬敬地把礼物送上，说："主任，今天您过寿，这是送您的小礼物，不成敬意。"张主任笑眯眯地说："谢谢，谢谢，让你破费了，什么礼物，可以现在瞧瞧吗?"汪某立即笑嘻嘻地把包装打开给张主任看。张主任见送来的是一座钟，顿时脸黑下来，生气地说："什么意思？你小子是不是巴不得我早死?"汪某愣了半天，然后嗫嚅道："没有啊，这是从何说起呢?"张主任回答："那你为什么送钟(终)，触我的霉头?"

汪某送礼的时机把握得很好，可他选择的礼物却不甚恰当，花了钱反而没有讨得上司欢心，真划不来。

[第十一章]

RENMAIDEGUIJI

合作——用诡计分享彼此的真诚

当人们看到自己取得成功的时候总是兴奋不已，希望有人为自己鼓掌。这时候，你为他鼓掌，会化解对方对你的不满和成见，改变对你的态度，他会觉得你慷慨地付出自己的真诚，从此，他也会给予你支持。给他人多鼓掌，这种付出是不需要花你多少钱的，但它给你带来的利益却很大。

1. 合作伙伴都是乐意付出的人

懂得付出才能得到，如果只要对方付出，而自己没有动静，这样的友情是不会长久的。在现实生活中，有的人却错误地认为友情是建立在利益互惠的基础上，这样的人，与他人交往，目的是在于对方有什么利用价值，天天盘算着与人交往会带来什么好处。当对方能满足自己的要求，为自己提供便利时，便心里乐哈哈，与他形影不离，仿佛情深义重，可是一旦对方没有了利用价值，或者遇到麻烦，便推诿责任，退避三舍，甚至落井下石。这实在是一种自以为聪明的愚蠢表现。这样做的结果，无疑向别人表明：自己是多么的无情无义，又是多么的无耻。以后当别人与他交往时，必然会小心提防，以免被其利用。

有一个人利用一位姓毕的人手中的权为自己办事，当对方在位的时候，他对他恭维不已，把"真诚合作"几个字挂在嘴上。后来，他听说老毕将退居二线，他的合作姿态马上就变了，甚至在一次宴会上，竟邀请了老毕单位的一个副职而没有邀请他。这件事正好被老毕知道了。不久，退居二线的名单下来了，老毕不在其中。那个人后悔不已，自己往后的工作很难做了。

在人际交往中，很多事情都彼此联系，互相依存。人与人之间不免有些明争暗夺，有些摩擦，这一切都来源于是吃亏还是占便宜的心理，一切又都结束于吃亏与占便宜的行为。吃亏怎么样？占便宜又怎么样？吃亏了，既获得心灵的平静，又可以获得道义上的支持。一旦对方醒悟过来，自然一清二楚。相反，占便宜的人，心理上永无宁日，让天下人耻笑，别人的钱财你占有，是何滋味？明白了个中道理，吃亏、占便宜也就分得清楚了。

爱因斯坦说："世间最美的东西，莫过于有几个头脑和心地都很正直且严明的朋友。”真正的朋友敞开心扉，乐于为对方付出，然后愉快地享受彼此的劳动成果。生活需要真诚的付出，而不是索取与占用。

我们给予朋友的，必须是友爱。我们对给予的结果必须负起责任，同时又要尊重对方的付出，不要对对方的付出不屑一顾。

付出是没有条件的，有条件的付出就会变得丑态百出。就说笑容吧，你讨好别人的笑，也能表达你的亲切，但因为缺乏真诚，而变得生硬、勉强，令人厌恶，同样的，心中有所求，才给予对方好处，对于真正的友谊没有实质性的益处。因为它可能带来更多的欲望，变成一个人对另一个人贪婪的操纵。

朋友之间，或是合作伙伴之间，无论你给予与付出的是什么，都应该是发自内心的。

有一则寓言故事，蕴含着深刻的处世哲理。

赵秀才与钱商人死后一起来到地狱，阎王翻看“功德簿”后，对他们说：“你们二人前生没有做什么坏事，特准许你们来生投胎为人，但现在只有两种做人的方式让你们选择，一个人需要过付出给予的人生，一个人需要过索取、接受的人生。”阎王说完，便让赵秀才和钱商人慎重考虑后再做选择。

赵秀才心想，前生的日子过得并不富裕，有时还填不饱肚子，现在准许来生过索取、接受的生活，那样真是太舒服了。他说：“要做索取的人。”

钱商人看到赵秀才选择了来生过索取、接受的生活，自己只有付出这条人生之路可供选择了，他想自己经商赚了一点钱，来生就把它施舍出去吧，于是他心甘情愿地接受了付出的来生。

阎王看他们选择完了，当下判定二人来生的命运：“赵秀才甘愿过索取的人生，下辈子做乞丐；钱商人甘愿付出的人生，下辈子做富豪吧，去帮助别人。”

一个人在选择人生时，其实在选择态度。与人相处，或者与人合作，付出是获得友谊与利益的最佳方式。

2. 计较会影响朋友关系

朋友之间，有时为“谁付出多了，谁没有付出”而发生争执和冲突是正常的，关键看你如何处理，千万不要计较，一计较就像一盘菜里落进了灰尘，那就难吃了，所以吵归吵，不能老是抓着问题不放。头一天争了几句，第二天见面，就应该好像前一天没有发生争吵一样，尽可能改变话题，而不要接着昨天的话题接着说。

争吵是伤害朋友感情的，但争吵的时候，可以把窝在心里的话倒出来，有时也是件好事，所以不能以为一旦发生了争吵两个人的关系便笼罩了阴影。想一想过去的友谊，再针对冲突的性质来恰到好处地处理。首要消除因为争吵而产生与对方分手的想法。

◎弄清吵架的原因

假如你与同事的争辩十分滑稽可笑的话，它很可能自然而然地过去。或是你们俩在某个观点上意见不统一，其实这些问题都没什么大不了的。更多的时候，不是任何人的错，或是两个人都有错，或是没人能真正搞清是谁的错。不去追究，才是言归于好的奥妙所在。

◎寻找和尝试言归于好的办法

吵架后，同事彼此之间会直接出现一种心境——担心。大多数人最担心的是遭到拒绝。深呼吸，让自己轻松一下，这偶然的行为会帮助你和同事驱散紧张的气氛。

◎迈出第一步

你一旦告别恐惧和担心，那么和同事的交谈就会更容易些。别等同事来找你，能迈出第一步是至关重要的。如果你让争吵恶化，那么你们两个人会一起失去友谊。如果你们言归于好，你们就都是胜利者。不要等待别人解决问题，你自己应负起责任。时间不等人，越快越好。

◎循序渐进

不能假装什么事都没有发生过，需主动去尝试，用积极的态度唤起彼此的信心。“嗨，还生气呢?”“喂，有空咱们聊聊。”假如你面对面地向她提问，不妨带着真诚的微笑。

◎倾听彼此的心声

假如你们双方都坚信自己是正确的话，那么就很难听进对方的倾诉。但是你如何弄清同事的感受呢？你可以开诚布公地说：“想听听你的意见，告诉我你是如何想的好吗?”而且当对方谈话时，不要打断她或是与其争辩，让她感到你尊重她，也许矛盾好解决一些。

当冲突无法避免时，不妨制订处世“争吵法则”：

⊙任何争端事出有因，不能借题发挥，故意制造事端。

⊙不能和任何人发生肢体冲突，除非出于自卫，否则绝对是最疯狂的行为。

⊙不要碰他人最敏感的话题。比如，有人很介意别人叫他“大头”，结果你偏偏不知好歹，即使对方明知你是开玩笑，还是会恨你入骨。

⊙不要透露你在某方面根深蒂固的偏见或意识形态，比如，种族好恶、性别歧视等，通常，这类争执会让你成为众矢之的。

⊙当你在与对方的较量中占得上风时，千万不要得意洋洋，表现出高人一等的样子，否则，对方看在眼里，恨在心上，就会想方设法奉还今天的屈辱。如果你向对方表示尊敬之意，表明自己只是侥幸取胜，对方就会怨恨顿消。

在与人交往中造成了冲突，本来你的目的是使事情对自己有利，而不是为自己树敌。从利益出发，主动求和以减轻敌意，以免发生更激烈的冲突，造成两败俱伤的结局。毫无疑问，这是处理矛盾的上策。

3. 分手的时候主动吃亏是风度

不少好朋友，或者事业上的合作伙伴，由于种种原因，后来反目成仇了，双方都搞得很不开心。

有个人却不一样，他与朋友合伙做生意，几年后一笔生意让他们所赚的钱又赔了进去，剩下的是一些值不了多少钱的设备，他对朋友说，全归你吧，你想怎么处理就怎么处理。留下这句话后，他就与朋友分手了。显得多有风度啊，没有相互埋怨，这叫“好合好散”。生意没了，人情还在。

有人问小超人李泽楷：“你父亲教了你一些怎样成功赚钱的秘诀吗?”李泽楷说，赚钱的方法父亲什么也没有教，只教了他一些为人的道理。李嘉诚曾经这样跟李泽楷说，和别人合作，假如他拿七分合理，八分也可以，那么李家拿六分就可以了。

李嘉诚的意思是，他吃亏可以争取更多人愿意与他合作。你想想看，虽然他只拿了六分，但现在多了一百个合作人，他现在能拿多少个六分?假如拿八分的话，一百个人会变成五个人，结果是亏是赚可想而知。李嘉诚一生与很多人进行过或长期或短期的合作，分手的时候，他总是愿意自己少分一点钱。如果生意做得不理想，他就什么也不要了，愿意吃亏。这是种风度，是种气量，也正是这种风度和气量，才有人乐于与他合作，他也就越做越大。所以李嘉诚的成功更得力于他恰到好处的处世交友经验。

吃亏是福，乃智者的智慧。不管你是做老板也好，还是做生意场上的伙伴也罢，手下的人跟着你有好日子过、有奔头，他才会一心一意与你合作。因为他知道老板生意好了他才会好。生意场上的伙伴同你做生意不能赚钱，才会朝三暮四。好分好合，你要让他人觉得你是个值得共事的人，这才是成功的处世。

有人与朋友一旦分手，就翻脸不认人，不想吃一点亏，这种人是否聪明不敢说，但可以肯定的是，一点亏都不想吃的人，只会让自己的路越走越窄。让步、吃亏是一种必要的投资，也是朋友交往的必要前提。为什么呢？在生活中，人们对处处抢先、占小便宜的人一般没有什么好感。占便宜的人首先在做人上就吃了大亏，因为他已经处处抢先，从来不为别人考虑，眼睛总是盯着他看好的利益，迫不及待地跳出来占有它。他周围的人对他很反感，合作几个来回就再也不想与他合作下去了。合作伙伴一个个离他而去，他难以找到愿意与他重新合作的人，他不是吃了大亏吗？

分手，情分不能践踏。主动吃亏，山不转路转，也许以后还有合作的机会，又走到一起。如果你与人分手时，狠狠地捞一把，不管是自己的还是不是自己的东西，拿上手就都是自己的东西，那么就显得忘恩负义，或者不仁不义。

从心态发展上来看，你老不愿吃亏，老占别人的便宜，会把自己弄得很猥琐。因为便宜被你占尽的时候，别人就会觉得自己总在吃亏，心中就会积存不满和愤怒，这对自己也会是很大的伤害。再有，捞朋友的东西的人绝不会有什么出息，因为，他的眼光都集中到收集和占有眼前的每一点微小的利益上，势必影响自己的境界，缺乏向远处、高处看的意识和能力，这种人除非摸彩票中了奖，否则很难获得大的成功和利益。

不少人与人初次见面很客气，短时间相处也能做到谦让付出，可是时间长了就相处不好了，不愿为对方付出，甚至斤斤计较起来。成功的处世是与人相处越久越显示自己对人的友好。

相处久了，产生一种视对方为工作和生活中的竞争对手的心理，以致处处戒备和设防，对他的笑容减少了，客气话也少了，而挖苦与讽刺多了。常见到一些同事与朋友，见面就互相嘲笑对方。这种相处，其实是给自己制造麻烦，因为一旦出现生活变故，你讽刺排挤的人，没有给过他帮助的人，最容易成为幸灾乐祸的人，成为在你伤口上撒盐的人。

当人们看到自己取得成功的时候总是兴奋不已，希望有人为自己鼓掌。可是当身边人，包括你的“假想敌”，你的对手取得成功的时候，你该怎样去面对呢？是嫉妒还是欣赏？是大声叫好还是不屑一顾？尤其是你平日与他相处得很紧张、很不快乐的人成功了，这时候，你为他鼓掌，会化解对方对你的不满和成见，改变他对你的态度，他会觉得你慷慨地付出自己的真诚，从此，他也会给予你支持。人都是这样，死结越拧越紧，活结虽复杂，却容易打开。

多给他人掌声，这种付出是不需要花你多少钱的，但它给你带来利益却很大。

1991年11月3日夜，美国大选揭晓。当选总统克林顿在竞选总部前他的支持者的聚会上发表即席演说，先是言辞恳切地感谢昨天还在互相唇枪舌剑、猛烈攻击的主要政敌——现任总统布什，感谢他从一名战士到一位总统期间为美国做出的出色服务，并呼吁布什和另一位对手佩罗及其支持者与他团结合作，在未来4年，全面振兴美国的大变革中继续忠诚地服务于祖国。

而远在异地的布什则打电话祝贺克林顿成功地完成了一次“强有力的竞选”，他还调侃地告诫克林顿：“白宫是个累人的地方。”并保证他本人和白宫各级人士将全力以赴地与克林顿的班子合作，顺利完成交接工作。

这种客气，在某种意义上就是一种付出，精神的付出。竞选的成功与失败，对于布什和克林顿这两个对手来说，欢乐与悲哀都是不言而喻的，但在现实面前，两个对手保持了高度的理智，对双方的成绩表现了超然的风度。

亚力山大和大流士在伊萨斯展开激烈大战，大流士失败后逃走了。一个仆人想办法逃回大流士那里，大流士询问自己的母亲、妻子和孩子们是否活着，仆人回答：“他们都还活着，而且人们对她们的殷勤礼遇跟您在位时一模一样。”

大流士听完之后又问他的妻子是否仍忠贞于他，仆人回答仍是肯定的。于是他又问亚历山大是否曾对她强施无礼，仆人先发誓，随后说：“大王陛下，您的王后跟您离开时一样，亚历山大是最高尚的人，最能控制自己的英雄。”

大流士听完仆人这句话，双手合十，对着苍天祈祷说：“啊！宙斯大王！您掌握着人世间帝王的兴衰大事。既然您把波斯和米地亚的主权交给了我，祈求您，如果可能，就保佑这个主权天长地久。但是如果我不能继续在亚洲称王了，祈祷您千万别把这个主权交给别人，只交给亚历山大，因为他的行为高尚无比，对敌人也不例外。”

为朋友付出容易，为外人付出困难，为对手付出更困难。付出既有物质上的，也有精神上的。当别人有困难的时候，你的一句鼓励就是给予，当别人成功的时候，你的几声掌声就是礼物。一些人对同行冤家和竞争对手，多采取的是阴险的手段，打击报复，而不知道如何化敌为友。想把对手变成朋友，就要舍得为他“付出”，对方陷入困境的时候，你要保持冷静，不能见机踹他一脚，当你成功的时候，不要在对方面前趾高气扬，克制自己，不流露出得意。做到这些就是“付出”，勇敢的“付出”。

一位成功人士说：“为竞争对手叫好，并不代表自己就是弱者。为对手叫好，非但不会损伤自尊心，相反还会收获友谊与合作。”为对手叫好是一种美德，你付出了赞美，得到的是感激；为对手叫好是一种智慧，因为你在欣赏我们的同时，也在不断提升和完善自；为对手叫好是一种修养，赞赏对手的过程，也是自己矫正自私与妒忌心理，从而培养大家风范的过程。美德、智慧、修养，是我们处世的资本。

4. 当别人危难时伸手援助

要想得到，必先施予。明明是在求人，而给人的感觉却是在施恩；本来了无大功，只顺水推舟，却两边讨好，大得人情，这是处世的恰到好处。因为人际关系存在着一个“成本”，使用方法和时机得当，则降低成本，获得人心。比如，捐助、义卖、让利等等公益事业活动，表面上资助非盈利甚至“倒贴”的社会性公益事业，“无私地”奉献出爱心，实际上所起的广告效应，会远远大于同等成本的“硬广告”。“硬广告”只是让人知道，而“软广告”却在出名的同时获得我们的好感与支持。

对别人的帮助或者援助，要做到恰到好处，关键及时，雪中送炭比锦上添花好。

一个有钱人对爱因斯坦抱怨：“谁都不喜欢我，他们说我太自私小气。可是我的遗嘱上已经写好，要把所有的财产捐给一家慈善机构。”

爱因斯坦说：“也许有个关于牛和猪的故事，可以给你一点启示。有一头猪到牛那里，对牛抱怨‘别人总是说你很友善，这点倒也没错，因为你给他们牛奶。可是他们从我身上带走的东西更多啊，他们得到了香肠、火腿、肉……连猪蹄子都拿去炖了！可是，谁都不喜欢我，对人来说，我就是一只让人讨厌的猪！怎么会这样呢？’牛想了一会儿说‘可能是因为我在活的时候就给他们了。’”

爱因斯坦说的这个寓言故事的用意很清楚，给予要雪中送炭，而不是锦上添花。大家都送的时候，有你没你显得并不重要，而在他在危难时送他，他就会感激你。经常听到人说：“在困难中得到了你的帮助，将永远不会忘记。”古人说：“一饭之恩必报。”为什么要报？没有这一餐饭，饥饿者可能就没命了，一饭之恩就是活命之恩。《水浒传》上宋江为什么得人缘，那么多英雄好汉都尊敬他、服他管，还不是他善于在别人困难的时候帮助人，以致我们称他为“及时雨”。

为人处世恰到好处，当别人有困难的时候，伸出援助之手；要有与他人同甘共苦、心里装着他人冷暖的情感；富有同情心和怜悯心，做扶危解困的“及时雨”。

做人的互助原理是：你在关键的时刻帮人一把，别人也会在重要时候助你一臂。初看起来这似乎是等价交换，然而，不管你是一个什么样的人，都不可能孤独一人打拼天下，尤其是要使自己的人生局面推广开来，更离不开与各种各样的人打交道。要想让别人将来帮助你，你就必须先付出精力去关心别人、感动别人，这样才能赢得别人回报的资本。因此，高明的为人技巧就是急人之难，解人于倒悬之中。

20世纪70年代初，石油危机波及香港。香港的塑胶原料全部依赖进口，香港的进口商趁机垄断价格，将价格炒到厂家难以接受的高位。不少厂家因此被迫停产，濒临倒闭。在这个关涉许多企业命运的时刻，李嘉诚毫不犹豫地站到了风口浪尖。在他的倡议和牵头下，数百家塑胶厂家入股组建了联合塑胶原料公司。原先单个塑胶厂家无法直接由国外进口塑胶原料，是因为购货量太小，现在由联合塑胶原料公司出面，需求量比进口商还大，因此可直接交易。所购进的原料，按实价分配给股东厂家。在厂家的联盟面前，进口商的垄断不攻自破。笼罩全港塑胶业两年之久的原料危机一下子结束了。

李嘉诚在救业大行动中，还将长江公司的 13 万磅原料以低于市场一半的价格救援停工待料的会员厂家。直接购入国外出口商的原料后，他又把长江本身的 20 磅配额以原价转让给需求量较大的厂家。危难之中得到李嘉诚帮助的厂家达几百家之多。李嘉诚因而被称为香港塑胶业的“救世主”。

5. 慷慨地跟别人分享

我们来到这个世界，蹒跚学步的时候摔了很多跤，等到可以自如地行走了，就要穿过一个个人群，如果不慎或不防备，同样会摔跤，被人挤伤，被人踩踏，或者去挤伤、踩踏别人。多少人为此而希望有个良好的人际环境，不伤害别人、也不被别人伤害，快乐幸福地学习、工作，享受生活。

我们活着不是为了虚妄地消磨时光，而是想好好地打理自己的人生，所以为人处世是一辈子也不能丢掉的必修课。我们在付出的同时，渴望获得和拥有一份真实。我们敏感的心灵不会为虚假的感情激动，我们的眼、耳、鼻、舌、身都不是为那些虚假的东西而存在的。无法想象，我们有一天听到与看到的全是假东西，什么友情，什么爱情，什么公平，什么正义，都是虚伪的，那么将是多么令人沮丧和可怕啊！

以诚待人，像是为自己植一棵树，给世界一片绿荫，给人心一片清凉。桃李不言，下自成蹊。鸟儿鸣唱枝头，笑语飘荡你的每一个日子。

一个人进入社会，开始过群体生活，意味着要与他人交往共事。可有的人却由于社交能力差，不善于为人处世，结果人生成长与事业发展的过程处处受阻。相反，有的人能力虽然不是很强，但是他对人礼貌，善于交际，于是办事总是比别人容易成功。

台湾作家刘镛说："一个人人缘不好，大小事情只能靠自己去做，能力再强，又能做多少事？你的素质再高，如果只是将本身的能量发挥出来，不过能比常人表现得好一点而已；如果你能集合别人的能量，就可能获得超凡的成就。"

是啊，正因为如此，有好人缘者在社会上越来越受重视。许多公司在招聘高级管理者时，要考查他的人际关系，没有好的人缘，能力再强，不能录用。如在人际关系上有超群的能力，有非常好的人缘，其他条件可以放宽。

莫洛是美国摩根银行的股东兼总经理，年薪高达100万美元。其实他以前不过是一个法院的书记，后来做了一家公司的经理，他诚信待人，人缘极佳。他之所以能被摩根银行的董事们相中，一跃而成为全国商业巨子，登上摩根银行总经理的宝座，据说是因为摩根银行的董事们看中了他在企业界的盛名和极佳的人缘。好人缘给莫洛带来的是地位和事业的成功，给公司带来的是良好的经营业绩。

同学小汪，毕业后在一家公司任小职员，后来成为了公司的副总经理。他常常对人说，他的成功，人缘好是主要因素。他认为人缘在一切事业里，都极其重要。

如何获得好人缘？以诚待人！一个幸福的家庭，夫妻相敬如宾，彼此忠诚。诚，是爱的体现，家庭成员人人爱自己的家，焉有不幸福的道理？同样，一个公司兴旺发达，也是大家都爱自己的公司，营造了良好的文化氛围。你待人以诚，人们会把你看作一个有品位的人，你也就有了人缘的基础。

有一位明星大腕投资搞实业，与某地农民合作，利用他们的土地建厂房。可是几年后，这个发了财的大腕却不按合同兑付农民的土地股金，使农民蒙受了巨大的经济损失。农民们联名把大腕告上了法庭。这位大腕利用“名人效应”，在社会上套取无本生意，欺骗那些善良的人，结果却把自己的人缘市场弄丢了。

没有爱心的人，不会有太大的成就。李嘉诚是世界级富豪，他能取得成功，源于他有一颗爱心，李嘉诚说得最多的一句话就是：“钱来自社会，应该用于社会。”他在取得巨大的物质财富之后，便积极推行有利于国家和人民的慈善事业。为了替家乡人民办一点实事，上世纪 90 年代北京亚运会筹资阶段，李嘉诚一次捐献 1000 万港元，是捐献资财的最大户。1991 年，我国华东地区遭受特大洪涝灾害，李嘉诚个人捐款 5000 万港元，成为当时个人捐款最多的企业家。1992 年，李嘉诚与中国残联主席邓朴方会晤，他对邓朴方说，他和两个孩子经过考虑，再捐一亿港元，也作为一个种子，通过各方面的共同努力，为全国的残疾患者办点实事。李嘉诚先生对祖国的捐资援助事业从不吝于投入，到目前为止，其捐款数额庞大，已超过了几十亿港元。他认为这样做是恰当的，符合他的处世待人之道。

的确，人格上的高贵同时造就了事业的成功，富有爱心的李嘉诚在生意圈中树立了良好的公信力。

富兰克林说：“深信一个人用自己的才智努力工作赚钱致富是正当的，但要记得慷慨地跟别人分享，然后恬淡地走开。”

6. 常给予对方真诚问候

小黄外派出国后，小刘隔一段时间就打电话问好，而其他同事却没有这样做。小黄回国后，不仅给小刘带来了礼物，后来他晋升为副总经理，把小刘要到了他的手下，那可是个极有发展前途的岗位。其他同事纳闷，以前小刘与小黄的关系并不怎么样呀？甚至不如我们这些人与小黄亲热呀？

人与人相处，需要通过一定的方式来维系关系。也许由于工作繁忙，你不会有很多时间与每一位朋友、上司或下属保持经常来往。那么，久不联系，关系自然就疏远了。假如你重视人际交往的话，就得经常抽出一点时间，打个电话，写封邮件，发个短信，给他们真诚的问候，使联系不至于中断，并表示你还把他们放在心上。

美国前国务卿奥尔布赖特 10 多年前是 BON 电影公司的公关部经理。她面临着巨大的职业挑战，同时又必须面对许多现实的东西，像人际关系的处理、家庭生活的和谐等，但她巧妙地使这些烦琐的事情顺畅起来。

比如，她的下属总会在某一个繁忙的下午突然收到一张上面写着诸如“你辛苦啦”、“你干得非常出色”之类的小卡片，或一张精致典雅的卡片。而在她丈夫生日的那一天，她总会努力举办一个家庭小舞会，而且是一个人事先布置好。就这样，在繁忙工作的间隙，她并没有花太多的时间，却给他人送去了一份又一份快乐。

她对自己这一做法，饶有兴趣地解释说：“大家的节奏都那么快，大部分人都忘了一些最基本的问候，都认为这些是不足轻重的小细节。其实正是这些细小使人与人之间的情感变得不那么紧张，那么，为什么不能做得更好些呢？”

她又说："一份小小的问候就能体现出一个人的真挚和诚意，使他人感到温暖。人与人之间渴望沟通和交流，而这些细小的方面是最能体现出你的那一份心意的。这是对个人形象、风度的一个最佳传播，当他们看到那张卡片的时候，就一定会想起我，而且在他心中隐含着对我的那一份谢意，会使他认为我是一个完美无缺的人，他总会想到好的地方，不会注意缺陷。"

显然，奥尔布赖特的这一番言论有许多值得我们借鉴的地方，人与人的关系不一定非要在大事中才能体现出来，在日常琐事之中更能体现你的友善和诚意。

既懂得工作的重要，也深信生活的乐趣，随时把心中最真诚的愉悦带给大家，这正是处理人际关系的要诀。感情是在不断交往中加深的，要在相处中逐步体现你的关心、热情和帮助。需要人帮助时才想起和人联系，人家自然会认为你太过现实；有新朋友不要老朋友，信誉度和真诚会越来越受到别人的怀疑。

虽然没办法经常在一起，也要想办法向别人表示思念与关怀。熟人的一些重要日子要记在心里，为防止遗忘，可以记在笔记本上，有空尽量当面祝贺，无法脱身时，也要想办法表达自己的祝愿。与久违的人交谈时不要只顾着自己而不关心别人，要关心对方的工作、生活、身体。

7. 诚心打动人心

中国是个讲究礼义的国家，几千年的历史，沉淀了丰富的文化底蕴，我们极其重视人际关系，深明人生在世，做人是第一重要的功课。因为这不是你一个人的世界，而是大家共同的世界。社会如果不朝良性互动的方向发展，人类不可能有今天的文明。聪明的人们意识到，只有真诚友好地待人，环境秩序才能和谐，自己也才不至于陷于孤立的境地。

那些优秀人才是不会只为几个钱为别人卖命的，你想让他竭诚为你效力，就必须对他予以足够的尊重。

菲力斯东是美国燧石橡胶公司的创始人。公司刚成立时，设备十分简陋，只有屈指可数的几个工人，而且研制工作进展得很不顺利。一天，在一家酒店里，菲力斯东遇到了一个落魄的发明家罗唐纳。此人曾取得新式橡胶轮胎的发明专利权，并拿着设计图样和专利证书去找正在开发新产品的橡胶巨子史道夫。

罗唐纳满以为能高价卖出自己的专利或得到史道夫合作生产的认可，没想到，他得到的只是一个侮辱。史道夫轻蔑地看了一下他的图样，然后扔在地上，说："你是个骗子，随便寻来一些小孩子都可以弄的玩意儿来骗的钱！"罗唐纳气得眼泪都出来了，他为了证明自己不是骗子，拿出了专利证书。史道夫不屑一顾地瞥了一眼专利证书，揉搓几下又塞进罗唐纳的口袋里说，这是吓唬土包子的，审查专利的都是些外行。

罗唐纳遭到这样的侮辱，内心很受打击，发誓今后再也不搞发明，整天以酒浇愁，穷困潦倒。菲力斯东听说罗唐纳有一个发明专利，顿时兴起合作的念头，忙上前与他攀谈。谁知罗唐纳只是冷冷地瞥了他一眼，根本不理睬。因为罗唐纳所受的那次羞辱被人们当成笑谈，使他的性格变得更孤僻，对任何人都不敢信任。

菲力斯东不愿放过这个机会，第二天专程到罗唐纳家拜访，却被拒之门外。

菲力斯东想，一个有才能的人在受到打击之后变得孤傲、冷漠，不是很自然的事吗？那么，自己一定要用诚意打消他的疑心。于是，他蹲在罗唐纳门外，耐心地等待罗唐纳回心转意。他不吃不喝，整整等了一天，又饿又累，几乎支持不住了。

到了下午6点多钟，罗唐纳终于出来了。菲力斯东大喜过望，蓦地站起来，正要迎上前去，突然眼前一黑，险些栽倒在地，幸好罗唐纳赶上前把他搀扶住了。

罗唐纳终于被他的诚意所感动，决定帮助他大干一场。后来，菲力斯东运用罗唐纳的发明，制造了蓄气量大且不易脱落的橡胶轮胎。产品上市后，受到广泛的欢迎。凭借这一基础，燧石橡胶轮胎公司迅速发展壮大，成为美国最大的轮胎公司之一。

所以，诚心自有回天之力。我们再来看一个故事。主人公是著名的石油大王洛可菲勒，他年轻时脾气火暴，因此得罪了不少人，甚至有人恨不得杀了他。到了晚年，他幡然悔悟：做人不要太逞强，待人以诚是重要的。他说："不论你是平民百姓，还是达官贵人，都应该懂得理解别人的过失，以一颗平常心去同别人交往，这会对你的一生很重要，它不仅可以使你每天都有好心情，而且你还可用怨恨人的时间去干一些有意义的事。"

洛克菲勒有徒步旅行的习惯。有一次，他准备从火车站返回公司总部，来到加州地区的一个又脏又乱的小车站，在候车室靠近门边的座位上等车，由于长途跋涉，他显得很疲惫，一脸倦容地望着来来往往的人。

列车进站了，乘客们站起来，拥向检票口，洛克菲勒不紧不慢地站起来，还伸了个懒腰，准备往检票口走，忽然，候车室外走来一个胖女人，她提着一只很重的箱子，显得有点力不从心的样子。显然，她也要赶这班车，可箱子太重，累得她呼呼直喘。她左顾右盼，好像是在找人帮助她，一眼瞅见了沾满污泥的洛克菲勒，冲他大喊："喂，老头，你给我提一下箱子，我给你小费。"

要是多年前，他理都不会理睬，谁让你随便吆喝？但现在的洛克菲勒今非昔比，他想都没想，便拎起胖女人的箱子，和她一起朝检票口走去。

他们刚刚检票上车，火车就开动了。胖女人擦了一把汗，庆幸地说："还真是多亏了您，不然非误车不可。"说罢，掏出一美元硬币递给了洛克菲勒。

洛克菲勒微笑着接过钱，扭头问："小姐，您将到什么地方去？"胖女人告诉他她刚从加州看望儿子回来，准备到一个遥远的小镇去，她的家在那里。洛克菲勒边听边帮助她把行李箱塞到座位底下，以免阻碍过往乘客。他刚弯腰，列车长走过来，说："这不是洛克菲勒先生吗？您好，欢迎您乘坐本次列车，请问能为您做点什么吗？"

"谢谢，不用了，只是刚刚做了一个为期三天的徒步旅行，现在正返回纽约。”洛克菲勒微笑着谢绝了列车长的关照。

“什么？洛克菲勒?”胖女人惊叫起来，“上帝，我竟让著名的石油大王洛克菲勒先生来为我提箱子！居然还给了一美元小费，这是在干什么啊?”她连忙向洛克菲勒道歉，并诚惶诚恐地请洛克菲勒把一美元小费退给她。

洛克菲勒幽默地说：“不，小姐，退给您一美元，不就白给您提箱子了吗?”说着，洛克菲勒把一美元郑重其事地放进了口袋里。

在这个社会里，你要生存，就得学会礼貌待人，诚信待人；如果高傲无情，那你肯定没有人缘市场，没有人愿意与你交往。

在现实中，有种人升官、发财后便狂妄自大，待人不够诚信谦逊，好像有钱有权就高人一等，这必然招至妒忌与仇恨。穷人的仇富心态是不应该有的，但是如果富人待人谦逊一点，绅士一点，把他人人格看平等了，会得到更多人尊重的。有些老板抱着“有钱还怕请不到人”的心理，总认为是自己给别人提供了一个工作机会，认为员工理所当然应该竭诚报答自己，对员工的辛劳毫无感激之意。抱着这种雇佣的心态，是得不到优秀人才的。只有以心换心，以情感义，才能真正培养一支忠诚敬业的员工队伍。

8. 心胸越宽事业越大

一个心胸狭隘的人是不会去爱别人的，因为爱需要付出，需要包容，在受到误解的时候一笑而过，在误解了别人的时候敢于批评自己。陈嘉庚先生说过：“你得不到你容不下的东西。如果你的房子太小，不得不将财宝堆在外面，那样迟早会失去。这是个显而易见的道理。这就是说，你的心胸有多宽广，才有可能做成多大的事业。”

川田先生身兼明治保险公司董事长、三菱银行总裁、三菱总公司理事长等要职，是整个三菱财团名副其实的最高首脑，在日本企业界拥有很高的地位。

一次，明治保险公司的一位推销员关治想出了一个推销计划：找川田要一份日本大企业高层领导人的名单和简历，直接向他们推销保险业务。

关治很为自己这个构想得意，就托自己的上司向上致意，求见川田先生，并获得批准。

这天，关治早早来到三菱财团总部。求见川田先生的人太多了，关治只好耐心等着。由于昨天晚上过于兴奋，没有睡好，这会儿百无聊赖，关治倒在沙发里，竟然迷迷糊糊地睡着了。

不知过了多长时间，关治的耳朵被揪了几下。他愕然醒来，发现站在身前的竟是神态威严的川田董事长，吓得心里一哆嗦。川田见他居然敢在工作时间打瞌睡，心里很不满意，大喝一声：“找我有什么事？”

尴尬不已的关治结结巴巴地讲起自己的推销计划。川田先生打断他的话，喝道：“什么！你以为可向我介绍保险这玩意？”

谁知关治十分倔强，一听川田把保险说成“这玩意”，顿时被激怒了，冲川田先生怒吼起来：“你这混账家伙！你居然说‘保险这玩意’？保险不也是公司的业务吗？你还是公司的董事长！这就回公司去，向全体同仁转达你的话！”说完，他转身就走。

川田先生气坏了！一个无名小卒居然敢当面辱骂他，这是他从未遇到过的事，真是岂有此理！但他很快冷静下来，仔细思考这位小职员的计划，觉得确是一个能促进公司发展的好构想。于是，他当即召集有关人员开会，决定实施这个计划。

当天晚上，关治收到一封川田先生的亲笔信：“今天，你特地来找我，我却是个老糊涂，居然没有善待你，实在失礼！明天是周末，如果不嫌麻烦，望你能拨冗惠顾舍下一趟。”

第二天，川田先生亲切会见了关治，还特地为他定做了西装、衬衫、皮鞋，并说："一个像样的推销员必须有像样的外表。"关治感动得差点掉下眼泪。他诚恳地向川田鞠躬道歉，谴责自己的无礼行为，并表示今后一定要以全部精力投入到保险事业中去。

关治果没有失言，他连续15年保持全国推销冠军纪录。被誉为"推销之神"。他一辈子都没有忘记川田先生的恩德。

大凡杰出人士，都有一个特点：严于律己，宽以待人。这并非只是一种道德修养，同样也是一种处世策略。只有严于律己，才会在自己的事业与生活中做得比常人好，并且少犯愚蠢的错误；只有宽以待人，才会赢得他人之心，为自己的事业奠定稳固的根基。

宽以待人的人，善于控制自己，不会只是为了维护自己的权力而侵犯他人。在对方表示妥协、默不作声或欲言又止的时候，你可用询问的方式引出对方说出真正的想法，了解对方的立场、需求、愿望、意见与感受，并且运用积极倾听的方式，来诱导对方发表意见。这样，对方会对你产生好感。

一位优秀的沟通好手，绝对善于询问和倾听他人的意见，了解其感受。你在与人接触、沟通的时候，如果能仔细观察他人的情绪，慢慢就可以清楚了解他人的想法及其感受，进而加以引导激励。

一个人的成功，很大程度上靠的是别人的支持与帮助，因此，为了提升个人的竞争力，获得成功，就得胸怀宽广，不断地运用有效的沟通方式和技巧，随时有效地与他人接触沟通，接受别人观点与看法，或者让对方接受自己的观点与看法。

9. 在小事上关怀他人

常言道：“患难见真情。”但人与人没有患难就没有真情？或者去等待患难的机会建立感情？对于观人，“日久见人心”，这句话不无道理。友谊与关爱体现于生活中每一个平常的日子。在日常琐事上，可以看出态度是友善还是冷漠。

西奥多·罗斯福是深受美国人民爱戴的总统。他之所以获得了很高的声誉，是因为他能够真诚地对待每一个人，无论是对一名议员还是对一名仆人。

他的贴身男仆安德烈曾向我们讲述了一个故事：

有一天，安德烈的妻子问罗斯福总统野鸭是什么样子，因为她一生都没离开过华盛顿，她没机会到野外去看野禽。罗斯福总统耐心地向她描述野鸭的模样和习性。安德烈和他的妻子住在一栋小房子里，离罗斯福总统的住处很近。

第二天，安德烈房里的电话响了，电话那头传来了罗斯福总统的声音，告诉安德烈的妻子，我们房子外面的大片草地上就有一只野鸭。

安德烈的妻子推开窗户，看见了对面房屋窗户里罗斯福微笑的面庞。

像这样的人，谁会不热爱他呢？即使他不是总统。

还有一次，老罗斯福拜访了白宫，他没有去客厅，也没有去接待室，而是去了厨房。他友好地向每个人打招呼：“嗨，桃瑞斯，最近很忙是吗？”“杰克，胃口还好吗？你还离不开酒瓶，什么时候我们喝一杯？”

就这样，他跟每个人都打了招呼，就像多年不见的老朋友一样。后来，在白宫服务了30年的厨师史密斯含着热泪说：“罗斯福总统是那样地热情，那样地关心人，这怎能不让人感动呢？”

在生活中，大事不多，小事不少，你想从小事上体现对他人的关怀，随时可以如愿。由于小事不易记住，你在一些不经意的小事上展示你的诚意，别人意外之余，会有一种真心的感动。

维也纳著名心理学家亚佛·亚德勒，写过一本叫做《人生对你的意识》的书，他在书中写道："不对别人感兴趣的人，他一生中的困难最多，对别人的伤害也最大。所有人类的失败，都出自于这种人。"

亚德勒这句话真是意味深长。生活中很多很多的问题，就是因为一方不把另一方放在心上、或者双方互相不把对方放在心上引起的，种种仇视和敌意，也因此而生，并带来数不清的麻烦。你对别人多一份关注，多一份敬重，自然会建立良好的人际关系。

[第十二章]

RENMAIDEGUIJI

微笑——用诡计缩短心灵的距离

微笑是令人愉悦的表情，是一种含义深远的体态语，在公关活动中有很重要的作用。微笑可以大大地缩短人与人之间的心灵距离，迅速增进亲近感。一个热情的微笑，会像一缕霞光，给人以温暖，使人感到轻松愉快。

1. 与人商量好办事

每个人都有或强或弱的逆反心理，尤其不愿意接受别人强硬的话。为官者对部属以呵斥的口气发号施令，虽然暂时能征服对方，但对方的内心是抵抗的、反感的，只不过迫于权力等压力才屈从。所以，让对方“心悦诚服”地接受自己的观点或看法，才是最佳的方法。

苦味的药丸大多裹着一层糖衣，使人先感到甜味，容易一口吞下肚子里去。药物进入肠胃，药性发生效用，疾病也就好了。你在要求别人做某件事时，与人好好商量，让人先尝一些甜味，然后，你再命令他做事，即使是对方觉得委屈的事，人家也会接受。

如果你要人家遵照你的意思去做事情，应该用商量的口气。比如“你看这样做好不好呢?”假使在一个盛夏的中午，一群工人正在休息，一位监工走上去把大家臭骂一顿，说拿了工钱坐着不做工是不对的。工人们怕监工，当然立刻站起来去工作了，可是当监工一走，他们便又停手了，这是肯定无疑的。因为那位监工不了解人们的心理，用一种强硬的态度，反而使人们产生了逆反心理，更要与你作对。如果那位监工上前和颜悦色地说：“天气真是热死人，坐着休息还是不断地流汗，这怎么办？朋友，现在工作任务紧，我们忍耐一下赶一赶好吗？我们早点干好，早点回去洗一个澡，怎么样?”我想，工人们听到这话，一定会忍着酷暑去工作的。

哪个人不喜欢听柔和的话呢？小洛克菲勒深明此理，他就是一个善于与人商量的人。1915 年，小洛克菲勒还是科罗拉多州一个不起眼的人物。当时，发生了美国工业史上最激烈的罢工，并且持续两年之久。愤怒的矿工要求科罗拉多燃料钢铁公司提高薪水。小洛克菲勒正负责管理这家公司。由于群情激愤，公司的财产遭受破坏，军队前来镇压，因而造成了流血事件，不少罢工工人被射杀。

那样的情况，可说是民怨沸腾。小洛克菲勒后来却赢得了罢工工人的信服。他是怎么做的呢？

小洛克菲勒是个有平民思想的人，他花了好几个星期结交工人朋友，并向罢工者代表发表了一次充满人情味的演说。那次演说可称不朽，它不但平息了众怒，还为小洛克菲勒赢得了不少赞誉。他的演说始终是以诚恳商量的口气：

“这是我一生当中最值得纪念的日子，因为这是我第一次有幸能和这家公司的员工代表见面，还有公司行政人员。我很高兴站在这里，有生之年都不会忘记这次聚会。假如这次聚会提早两个星期举行，那么，对你们来说，我只是个陌生人，也只认得少数几张面孔。由于上个星期以来，我有机会拜访整个南区矿场的营地，私下和大部分代表交谈过，还拜访了你们的家庭，与你们的家人见了面，大家谈得很开心，让我懂得了许多道理。因而今天站在这里，大家不算是陌生人，可以说是朋友了。基于这份互助的友谊，很高兴有这个机会和大家讨论我们的共同利益。由于这个会议是由资方和劳工代表所组成的，承蒙你们的好意，得以坐在这里。虽然我并非股东或劳工，但深感与你们关系密切。从某种意义上说，我也代表了资方和劳工。”

多么出色而感人的演说，这可能是化敌为友的最恰当的表现形式之一，假如小洛克菲勒采用的是另一种强硬的态度，与矿工们争得面红耳赤，用不堪入耳的话骂他们，或用话语暗示错在他们，用各种理由证明矿工的不是，那会是什么结果呢？可想而知，那只会招来更多的怨恨和暴行。

2. 笑意写在脸上

微笑是一种令人愉悦的表情，是一种含义深远的体态语，在公关活动中有很重要的作用。微笑可以大大地缩短人与人之间的心理距离，迅速增进亲近感。生活里，不管是和相识的或与不相识的人在一起，不管是去找人办一件事，还是想结识一位新伙伴，一个热情的微笑，都会像一缕霞光，给人以温暖，使人感到轻松愉快；而冷漠的、古板的态度，只会让人感到难堪，产生被人拒于门外的隔膜心理。

一名大学生到一家刚刚成立的公司应聘，见这里设施简陋，立即满脸愁容，精神不振。老板一看他的神态，便失去了继续交谈的兴趣。而另一位大学生没有因为公司设施简陋而感到沮丧，他微笑着对老板说："如果能够来到这里工作，我心里会非常高兴，一定会努力工作。"老板立即对他产生了好感，很快面试就通过了。

笑，是一种内心自信的流露；笑，是对他人友好的表示。

"真诚的微笑，其效用如同神奇的按钮，能立即接通他人友善的感情，因为它在告诉对方：我喜欢你，愿意做你的朋友。同时也在说：我认为你也会喜欢的。"这是拿破仑·希尔的经验总结。

笔者认识一位业绩非常卓著的女推销员，她入户推销的成功率高得不可思议。她的制胜法宝其实很简单，在每次敲用户的门之前她都拿出镜子，面对镜子微笑，当微笑遍布整个脸庞，渗透到每个毛孔时，才去去敲门，无论遇到什么样的主人，都不忍心拒绝这张灿烂的笑脸。

如果你不善于微笑，那就要记住一点：强迫自己微笑。全美最成功的推销保险人士之一的富兰克林·贝特格说，他好多年前就发觉，一个面带微笑的人将永远受欢迎，因此，在进入别人的办公室之前，他总会先停留片刻仔细想想必须感激这个人的事，然后带着真诚的微笑走进去。事实证明，他推销保险的巨大成功同这简单的技巧有很大关系。

在社会生活中，微笑已成为人们富有感情的特征。它有助于人们克服羞怯的情绪和困窘的心理，并有助于人们之间的交往和友谊。有的心理学家甚至认为“会不会微笑是衡量一个人对周围环境适应的尺度”。这种说法虽然不免有点夸张，但微笑确实能抒发健康的情绪，减轻生活的紧张感与环境的束缚感，达到“乐以忘忧”的境界。

微笑还含有另外一层意义：你值得微笑。波纳罗·奥弗斯特曾说：“我们对别人微笑，别人也会对我们报之以微笑。也可以说，我们从众人之中选中了他，我们已经承认了他，并给予了他一个特殊的地位。”

钢铁大王安德鲁·卡耐基的高级助理查尔斯·史考伯说过，他的微笑值100万美金。这可能有些夸张，因为史考伯的性格，他的魅力，他那种富有吸引力的才能，都是他成功的原因。而他那动人的微笑确实让人有好感。微笑常常比语言更有力。

股票经纪人威廉·史坦，在知道了微笑的神奇作用后，用了一个星期做了专门的训练，每时每刻都对身边的人微笑。他在给朋友的信中谈到了这件事：

“我已经结婚18年了，在这段时间里，从早上起来到上班，很少对太太微笑，或对她说上几句话。我是百老汇最闷闷不乐的人。

“当听到微笑的作用后，我就决定试一个星期看看。因此，第二天早上梳头的时候，我就看着镜中的满面愁容，对自己说，‘你今天要把脸上的愁容一扫而空。你要微笑起来。你现在就开始微笑。’当坐下吃早餐的时候，我对太太说，‘早安，亲爱的’，结果太太说我微笑的时候，充满了慈祥。

“我还改掉了批评他人的习惯，现在只赏识和赞美他人，而不蔑视他人，并尝试着用别人的观点来看事物。这一切真的改变了我的生活。我变成一个完全不同的人，一个非常愉快的人，一个更富有的人，在友谊和幸福方面都过得很满足，这才是真正重要的。”

沃尔玛零售公司的人事经理说，他宁愿雇佣一名有可爱的笑容而没有念完中学的女孩，也不愿意雇用一个板着冷冰冰面孔的哲学博士。

每当你出门的时候，把头抬起来，微笑着招呼你的朋友们。每一次与人握手都使出力量，以体现你的自信。

3. 识人先要对人感兴趣

一个人在市场上看到一只鹦鹉会讲两门语言，售价200元。另一只鹦鹉会4门语言，售价400元。两只鹦鹉都毛色光鲜，灵活可爱。该买哪只呢？这人拿不定主意。接着他又发现一只毛色暗淡的老鹦鹉，标价竟是800元。他不禁问："这只鹦鹉是不是会说8种语言？"卖鹦鹉的人回答："不。"这人感到非常奇怪，为什么又老又丑的鹦鹉反而高价出售呢？店主告诉他这只鹦鹉是另外两只鹦鹉的"老板"，它们都尊重它，听它的话。

人不一定非要自己能力超强，如果你具有亲和力，能结交各种能力的人、懂得识人、善于择友，"育天下英才为己所用"，并且珍惜友情，信任别人，那么自身的价值自然通过良师益友而得到了提升。但从另一个角度说，那些能力非常全面的人不一定就可以成为自己的朋友或者老师，人与人相处，贵在以心相交，你要找的良师益友是对你做人做事有帮助的人，是你可以向他推心置腹的人。

不对人感兴趣，怎么知道别人的长处与优点呢？自负的人以为自己是这个世上最聪明的人，所以对他人不屑一顾。这种人遇到困难后，很难得到别人的帮助，因为他的生活中没有良师益友。

每个人都觉得自己很重要，或者说，每个人都希望被别人认为很重要。这无可厚非。如果对方觉得他在你心目中很重要，那就更好了。可是有些人觉得自己很重要，却忘了别人也需要这种感觉。他们在不经意间流露出对人的轻视，于是被大家疏远。

只有使别人觉得你对他很感兴趣，他认为他在你心里很重要，或者有价值，他才会感激你、欢迎你。

"你以怎样的态度对待别人，别人也会以怎样的态度对待你。"这是成功学家拿破仑·希尔的一句名言。

你轻视一个人，你就不会把他放在心上，对他的一切都漠不关心。你重视一个人，你就会关心他的感受，关心他所处的状况。当他感受到你的轻视或重视后，也会报以同样的态度。当你想改善和巩固跟某个人的关系时，把他放在心上，无疑是一条捷径。

对对方感兴趣才会去了解对方；不了解对方，就不可能与其相处好。现代企业中流行这样一句话："识人才能用人"。人海茫茫，你怎样才能识人？一些人除了自负冷漠之外，还存在其他原因，识人的客观障碍有：

一是人不能以科学方法分析试验。所谓"知人知面不知心"。外有所感于物虽同，内有所触于心则异；人的表里未必如一，因为人心不同，就像人的外貌不同一样；人的内心活动，未必就流露出来。所以孔子曾说："以貌取人，失人之羽；以言取人，失之宰予。"

二是人的思想行为随着时间变化而变化。人的情绪波动大，有时这样，有时那样，甚至同一人在同一日情绪也有所变异，起伏难测，捉摸不定。所以，往往一瞬间改变一个人，并且每个人的情况又各有不同。

识人的主观障碍也有两点：

一是好恶爱憎囿于个人心理偏见与成见。这是心理学上所说的"晕轮效应"，评价者对被评价者有良好印象时，对他的品质评价就高，反之亦然。因此，往往憎恨一个人时只看到对方的缺点，喜欢一个人时只看到对方的优点。孟子说："人莫知其子之恶，人莫知其苗之硕。"司马光也讲："心苟倾焉，则物以其类应之，故喜则不见其所可怒，怒则不见其所可喜；爱则不见其所可恶，恶则不见其所可爱。"所以，对于爱憎之间，要特别慎重。如果喜欢一个人并且知道对方的缺点，憎恨一个人并且知道对方的优点，做到"去邪勿疑，任贤勿贰"，就是个了不起的人了。有时领导者本身缺乏鉴评他人之能力，或私心自用、忌恨真才、喜欢奴才，以求巩固其既得权益，结果埋没了很多人才。

二是受资历、资望、资格、现实问题等因素的限制，人才容易被埋没。如果把狡猾的人当做忠诚的人，把恶人看作善良的人，把愚蠢的人看作聪明的人，那么必然误人误己，成事不足，败事有余。所以要想知人善任，就必须先消除识人的障碍。对他人多感兴趣，愿意去接触、了解他人，一定会从中发现人才，找到你人生征途上的良师益友。

诸葛亮在识人用人上总结了独到的方法："烦使之而观其能，卒能问焉而观其智，急与之期而观其信，委之以财而观其仁，告之以危而观其节，醉之以酒而观其态，观其好恶而知短长，观其交友而知贤肖，杂之以处而观其色，举其所美观其所终，远使之而观其终，近使之而观其敬，屈视其所亲，富视其所与，达视其所举，穷视其所不为，贫视其所不取。"

你要成为一个有远见的领导人，必须懂得人是有个性、有特征的，只有了解人的个性特点，才能够真正做到管理好企业。古人指出："用骏马去捕老鼠，不如用猫；饿汉得到宝物，还不如得到一碗粥。"用物、用人，在于得当；使用不当，埋没了宝物、人才，还收不到应有的效果。所以，你在与人合作共事时，应根据人的不同情况而采取不同的办法识别和利用。

1. 有德者不看重金钱——不能用物质利益引诱他，可以让他管理财政；

2. 勇敢者蔑视困难——不能用艰险去强迫他，可以让他处理紧急事务；

3. 睿智者通达礼数——明于事理，不能假装诚信去欺骗他，可以让他负责要事；

4. 愚拙者容易被欺骗——不可从事谈判、判断工作；

5. 不忠者容易动摇——不可让其知道商机；

6. 贪图钱财者容易被引诱——不可管理钱财；

7. 重情者容易变换观念——不可让其做决策者；

8. 杂乱者容易把事情弄得乱七八糟——不可从事井然有序和长效性的工作。

4. 关注和欣赏他人

前面已经说过，你对人感兴趣才能去发现对方的优点。而你对对方的关注，更是你重视对方的一种表现，这会让对方感之于心而发于情，从而对你产生很深的好感。

王嘉廉是一位美籍华人，CA 公司的创始人。作为软件界的大腕，他被誉为是“华人中唯一可与比尔·盖茨抗衡的人。”在他的公司，员工的忠诚度相当高，令其他企业界人士十分羡慕。他建立员工忠诚度的办法是什么呢？除了给予员工高于同行的待遇外，还有一个秘诀：让员工时刻感到受重视、受关注。

比如，琼是一位台湾出生的普通电脑程序员，在一般公司，像她这种基层人士是没有多少机会跟高层领导打交道的。一次，她跟王嘉廉以及王嘉廉的哥哥碰巧在电梯中相遇，王嘉廉向哥哥介绍她时，她发现，王嘉廉对她的工作及个人状况相当了解，这让她产生了一种被重视的感觉，不禁受宠若惊。还有一次，在闲聊中，王嘉廉问她会不会烧冬瓜。她说会，并且说这是她很爱吃的一道菜。过不久，她收到王嘉廉在自家后院种的一只巨无霸冬瓜。这虽然是件小事，却让她非常感动。

另一位华裔林女士说：“王嘉廉比我们的直接上司还容易相处。他知道你是谁，关心你的生活，他能照顾到每一个人，这真是很不容易。我的一些朋友在大公司做事，上层管理人员知道员工名字的很少，而查尔斯不但知道关于你的一切，还和你轻松地开玩笑，这是很令人开心的事。”

有一次，王嘉廉在公司餐厅表扬总部 30 多位任职满 10 年的员工，每人赠送的一只昂贵的劳力士表。林女士也是其中之一。当有人问及林女士拿到劳力士手表有何感受时，她说：“戴劳力士或戴三块钱的表，对我来说没有什么差别，但在精神上却深感满足。你知道只要认真做事，老板就不会亏待你。直属上司知道你在做事，老板也会知道。在公司内被上司认可与重视，比物质上的回馈更为重要。”

一位社交高手说：“让对方感受到你的关注并不难，只要你真的把他放在心上，不经意间就会流露出来。其中，记住对方的名字，了解他的生活与工作情况，这很重要。”

小说《飘》中充满积极人生态度的梅兰姑娘有一句话：“假如你用挑剔的眼光看待这个世界，那么，你眼中将遍地荆棘。”漠视别人，你就不会有心情“逢人先说三个好”。能让你随时可以说出“好”字的原因是：用欣赏的眼光看世界。

在我们的生活中，最平常的人身上也有闪光点。得到他人的赏识，往往是促使人努力奋进的动力。关注和欣赏，会促使人迸发出意想不到创造力，取得成功。不信你可以尝试，真诚地欣赏你周围的每一个人，每一件事，对方会备受鼓舞。这时，你就会发现，欣赏会让你的生活更加美好。

欣赏对方欣赏的事。他欣赏自己的成就，欣赏自己的能力，欣赏自己的风度……你只要对他的成就，他的能力，他的风度或气质……表现你真诚的欣赏，对方一定会把你当成难得的知音。

请教对方擅长的事。自己不懂的问题、不清楚的事情，不妨向对方求教，既可增长见识，又能得到对方好感，何乐而不为？

有一次，维克去邮局寄一封挂号信，他发现那儿的工作人员对自己的工作感到很不耐烦。见此情景，维克心里说：“我要使这位仁兄喜欢。显然，要使他喜欢，必须说一些好听的话。”

维克问自己：“他有什么值得欣赏的吗？”维克仔细寻找着，立刻找到了能让他欣赏的点。

当工作人员在磅秤上称维克的信件时，维克很热情地说：“真希望有你这种头发。”

那人听后抬起头，有点惊讶，面孔露出微笑，说：“嗯，不像以前那么好看了！”

维克说：“虽然失去了一点光泽，但看上去仍然很好看。”

那人听后高兴极了，他们愉快地交谈起来，就像相识多年的老朋友一样。

任何一个人都会有优点，也会有长处，在一般情况下，每个人都会感激欣赏自己的人。

当然，欣赏别人，如果变成了廉价的吹捧，无原则的夸奖，那就成了拍马屁，而不是恰到好处了。欣赏别人，也不是投其所好的精神按摩，更不是卑躬屈膝的精神行贿。要欣赏别人，必须要发现别人的长处，就像伯乐相马一样。如果没有这种能力，就无法欣赏别人。欣赏别人，需用心去体会，发出由衷的赞美。

欣赏别人，可以建立一种健康和谐的人际关系。在节奏飞快的现代社会，在一个无暇沟通的生活环境中，学会欣赏别人尤为重要，只有这样，人与人之间才会多一份融洽，少一分隔阂。

5. 主动与陌生人交往

不少人对陌生者有一种抵触心理，只看到别人的表面，如这个人夸夸其谈，或者这个人深沉高傲，或者这个人孤僻冷漠，等等，按自己的喜恶观，贸然对陌生人进行定型、定性。

其实陌生人第一次走进你的视野，给你看的不一定是他真正的那一面；你也不一定就能看准他真实的本性状态。所以在与陌生人初步交往时，你要用宽容互补的心理去接受他，发现他的兴趣、思想和爱好。同时要修正自己的价值观，不能总是把自己坚硬的一面像盾牌一样举起来抵挡着对方对你的亲近。

所有的朋友都是从陌生到认识再到一步步发展成为朋友的，就拿参加宴会来说，怎样与陌生人接触，令其成为朋友呢？说起来太简单了，那就是要主动靠近对方。在陌生人的宴会上通过互相问候、探讨共同关心的话题，两个人的距离自然就拉近了。话匣子一打开，必然你一言一语，你趁机询问对方的情况，并介绍自己，这样很容易地使对方成为自己的朋友或准朋友。

可能有人会说，又不是打算在社交上大出风头，只是脚踏实地干自己的，有什么必要去认识太多的朋友呀？如果你有这种想法，那么，可以告诉你，马克·吐温也不是一个靠社交出风头的人，他的主要事业只是埋头写作，他只需要天才的大脑创作更多的幽默小说。然而，马克·吐温实际上有不少朋友，并且与朋友相处得非常好。他曾说过："一个人，唯有善于把陌生人变成自己的朋友并相处得十分有趣味，那才有真正的快乐。"

因此，只要你掌握了主动与陌生人交往的说话技巧，把他变成朋友就不成问题了。交谈是建立良好人际关系、为人处世的基础，是促进人与人之间感情进一步融洽的润滑剂。生活中有些人，一见到陌生人就感到浑身不自在，不好意思交谈，觉得无从谈起。他们或局促一角，尴尬窘迫；或欲言又止，嗫嚅迂讷；或说话生硬，使人误解……产生这种现象的原因之一，是被陌生人身上的某一面所遮障而没有勇气与他交谈。

同陌生人交谈，要学会在交谈中没话找话的本领。与陌生人每次交谈时，最好寻找对方也熟悉的人和事，以此牵线搭桥，引出话题。还可以巧妙地借用彼时、彼地、别人的某些材料为题，借此引发交谈。有人善于借助对方的姓名、籍贯、年龄、服饰、居室等，即兴引出话题，常常会收到很好的效果。

与陌生人交往时，还可以在交谈时先引提一些"投石"式的问题，在大略了解后再有目的地交谈，便能说得更加自如。如在聚会时见到陌生的邻座，便可先"投石"询问："你和主人是老乡还是老同学？"然后循着对方的回答交谈下去；如果问得都不对，而对方回答的是"老同事"，那也可以谈下去。在听对方说话时要注意力集中，不能随便去否定对方的观点。

如果能问明陌生人的兴趣，并且循着其兴趣发问，便能顺利地进入话题。如果对方喜爱象棋，你就可以以此为话题，谈下棋的情趣，车、马、炮的运用，等等。如果你对下棋略通一二，那肯定会谈得投机。如果你对下棋不太了解，那也正是个学习机会，可静心倾听，适时提问，满足对方“当老师”的虚荣心。

引发话题的方法很多，诸如“借事生题”法、“即景出题”法、“由情入题”法等等，可巧妙地从某事、某景、某种情感，引出一番议论。引发话题，类似“抽线头”、“插路标”，重点在引，目的在导出对方的话茬儿。

只要你深入地与陌生人交谈下去之后，就会发现对方更多的方面，而不是一开始你判断的那一面，在交谈中对方也会调整视角，进一步审视你。两个人在性情、兴趣、思想等方面的碰撞后，就有可能感到“这个人可以交朋友”、“他值得交往”，于是互送名片，甚至约定了下次见面的时间。从而陌生人变成了朋友。

6. 不要漠视小角色

在与人交往中不能存在歧视和偏见，否则一些本来最可以值得信赖的人却因为你的冷落而离你而去；那些默默无闻的人也许正是有着敏锐目光的不凡之人，等待你去发现。

一家大型港资企业，有 10000 万多名员工，朱小姐的工作是负责一个成品仓库的进口货物统计。一个部门也有百十号人，一些人对她不是太配合，明明可以由装卸工验点的报告数字，朱小姐只是负责记录，他们却总是让朱小姐自己去点验填数，按道理她完全可以向上司反映，但是她只是笑笑，主动去核查验收。一次，出口部转来一批货品，要求马上装箱发往海外。依照惯例，这样的货品已有人核点过数量，统计员只需要照单记录就行，但是朱小姐仍然重新点验了一遍，发现数量不对。她告诉负责人，他们都不相信，觉得这么多年来还从来没有过差误，一定是朱小姐的错误，而且，本部门只是负责装箱发运，没有复核数量的责任，朱小姐完全多管闲事。朱小姐也不争，重新复点了两遍，仍然发现数量不对，坚决不同意登记出货。装卸员警告朱小姐，这批货可是发往公司最大的销售商，如果时间耽搁了，谁也承担不了责任。朱小姐坚决不签名，以沉默回应同事们的嘲笑与指责。

第二天，出口部经理匆匆跑过来，焦急地问起那批货品，人们猜想出口部一定是为货物拖延不发着急了，纷纷等着看朱小姐的好戏。当出口部经理得知那批货物还没有发出时，焦虑的神色才轻松许多，连声说，这就好，这就好。原来，由于工作失误，这批货确实短了几个包件，订购这批货品的是公司最大的客户，要求也最为苛刻，如果按这个差错数量发过去，公司将承担巨额赔偿。幸亏朱小姐不怕别人冷嘲热讽，坚信自己，顶住压力，以一个小角色的风度，避免了一场“大灾难”。

再来看一个小角色的“威力”。百事公司派史坦芬·艾勒到加拿大分公司任总经理，正要离开纽约总部时，副总裁维克把一个很强壮的助手推荐给他。到任后，此人办事很老练，又谨慎，时间一长，史坦芬·艾勒很看重他，把他当做最信任的人使用。

史坦芬·艾勒任期满了准备回到总部。这个助手却不想跟他一起回去，反而要求辞职离开百事公司。史坦芬·艾勒非常奇怪，问他为什么要这样做，那人回答：“我是维克先生身边的助手，跟了他多年，我知道他的为人，他叫我跟着你，无非是让我监视你，你几年来在加拿大一直为公司忙着，并没有出现什么大差错。我辞职后去老总面前说你的好话，也就不会让他怀疑，我是想以后在你手下工作。”

史坦芬·艾勒听后吓坏了，好多天一想到这件事就心神不宁。幸亏自己的确在工作上不敢丝毫松懈，否则这样的公正无私的助手把在加拿大的所作所为都如实汇报给总裁，就完蛋了，多吓人啊！可能职位就难保住了。

这个例子告诉我们，不可轻视身边的那些“小人物”，在他们面前表现好非常重要。这些人平时不显山露水，但是到了关键时刻，说不定就会成为左右大局、决定生死的“重磅炸弹”。

当然，这是一家公司的一个案例，但在当今众多办公室，确实有不少人被下级认真地监督着，若不知他们的厉害，不把他们放在眼里，或者以为下属只会保护自己，那就错了，往往因此导致自己职位不保。所以在日常工作和生活中，重视下属，讲究和他们说话的策略，是与下属保持良好关系的重要方面。

林顿·海曼先生曾向人讲过他报复主管的故事：他曾经在公司的营销部工作过，受尽了主管的气，后来找到总裁要求调换一份工作，总裁从人事部了解到过去他的业绩不错，便调做了秘书。按理说，此时营销部主管应该认真反省一下，向海曼表示一下歉意，可这位主管没把他放在眼里，仍然对此怀恨在心。因此，每当海曼到营销部了解业务情况要找主管的时候，主管却不予合作，总是装出一副无可奈何的样子，回答说“无法安排”。所以，每当总裁关心这位主管的情况时，海曼每每都说“不、不”，说他工作如何如何的差劲，还目中无人，恶意地对待下属，有着记恨的德性。总裁感到这个主管大脑有问题，不会有说服力去发挥团队的作用，于是免去了这位主管的职务。直到最后，主管也没弄清是怎样得罪了总裁先生。

所以说，处理好人际关系绝对不是一桩小事，越是下属越是得罪不得。

平常无论是待人还是用人，一定要记住史坦芬·艾勒的一句话：“把鲜花送给身边所有的人，包括你心目中的小角色。”不要总是时时处处表现出高人一等的样子，要知道，再有能力的人也不可能把所有的事情都办好，再优秀的篮球运动员也不可能一个人赢得整场比赛。在办公室工作中，人的因素至关重要，有了人才会有事业，有情义，同时也会带来效益。说不定，你心目中的小角色会在某个关键时刻影响你的前程和命运。

在某家公司，一个部门的正副经理都是博士毕业生，年龄相仿，经历差不多，都可谓极富才华。不同的是，一位经理为人和善，善于和员工交流。在日常工作中，对下属恩威并施，分寸得当。在业务上严格要求，从不放松，偶尔出了什么差错，他总能为下属着想，为下属担担子；出差回来，他总是不忘带点小礼物、小玩意，给每一个下属一份爱心。而另一位经理对下属严厉有余，温情不足，有时甚至很不通情达理，缺少人情味。例如一位平时从不误事的下属因为父亲急病而迟到了 5 分钟，这位经理还是对他进行了严厉的批评，并处以罚款若干。不久，公司内部人事调整，前一位经理不但工作颇有业绩，而且口碑甚佳，更符合一个高层领导的素质要求，被提拔为公司副总经理。而后一位经理尽管工作也干得不错，但领导认为他有失人情味的管理方式不利于笼络人心，不利于留住人才，于是取消了原打算提携他的意图。

可见，“小角色”的力量汇在了一起，足以推翻任何一个“大角色”。所以作为办公室领导不要轻易得罪“小角色”，不要与员工发生正面冲突，以免留下后患。要学会与“小角色”合作，展示自己的说服力。不要用实用主义的观点去处理“小角色”的关系，不要平时怠慢人家，等到你需要他们合作的时候才去动员他们。应记住：你平时花在说服员工身上的精力、时间都是具有长远效益和潜在优势的。在不远的一天，也许就在明天，你将得到加倍的报答。

[第十三章]

RENMAIDEGUIJI

用人——用诡计攀登成功的桥梁

无论在商场、职场、官场，都要与人打交道，怎样借助他人的力量，把生意做大、做强，处理为同事和“亲信”的关系，以及怎样和职场新人相处，都需要用恰当的方式方法。

1. 借助他人的力量，才能把生意做大

生意场上，初创业者往往起步艰难，如果能得到事业有成的人帮助，一定会飞得快，跑得远。因此，你的交际圈子中有几位大老板为你“呼风唤雨”是非常重要的，但你这个“小字辈”又如何与他们接触，并如何让他们喜欢你呢？

首先，必须掌握大老板的社会关系。大公司或知名老板是很难与一般老板会面的，但是，如果能与他们合作或与他们交上朋友，那真是很荣幸也很珍贵的，因为从他们那里你会大开眼界，学到许多平常学不到的东西。

要与大老板交往，最基础的工作就是要掌握他们的社会关系。大老板是人，不是神，他们有各种社会关系，有各种各样的业务，也有各种各样的喜好、性格特征。特别是现代媒体，经常关注一些大老板的情况，你从中定会了解一二。你可以从他的历史上了解他的过去、他的经历、他的祖父辈，也可以从他的亲属、他的朋友、他的子女等处认识他。

从业务上了解大老板也是一条好途径。他经营的业务范围主要是哪些，次要的是哪些，他的分公司、子公司分布在什么地方，这些公司的经营者是谁，他多长时间会查看分公司、子公司等。

从兴趣爱好上了解大老板。他喜欢什么运动、什么物品、什么性格的人，他喜欢或经常参加什么聚会，他休闲、娱乐的方式有哪些，常到什么地方去，等等。

总之，想要结交一个大老板又没有机会的时候，你不妨从以上几个方面去了解，总会发现一些机会的。

其次，制造初次见面的氛围。当你发现了或者创造了与大老板见面的机会后，最重要的便是如何制造一种特殊的会面氛围。因为，在众多的人物当中，也许你本身就是芸芸众生中的一员，说不定连话都说不上。

在共同出席的会议或聚会上，选择位置时，一定要选择一个与大老板尽可能近的位置，以便他能发现你，并且一有机会便搭上关系。

同时，要以穿着表现自己的个性，因为与人第一次交往，别人往往是从服饰上得来第一印象。着装要表现个性、特色，给人舒服的感觉。

要针对大老板关注的事予以刺激，要尽快发现对方关心注意何事，找到适当的话题，抓住对方的注意力，刺激对方对自己的兴趣，话语要力求简洁、有独创性，使对方产生震撼，留下较为深刻的第一印象。

最后，适当展示自己的能力，以赢得大老板的青睐。大老板一般都爱才、惜才，如果你一贯表现出对他意见的赞同，不敢表现自己独到的见解，他会反感你的。因此，适当地表现自己的独特才干，是会受大老板喜欢的。当然，你不能表现得太过锋芒毕露，让人一见就觉得有喧宾夺主之感。

与大老板有过几次接触，并感觉到他对你态度不错，那么别出心裁赠送礼品是联系大老板情感的重要方式。这要针对大老板的具体情况，不能千篇一律，也不能委托他人。不一定昂贵就是好礼品，要赠送，就要送他特别喜爱的东西才是。同时在赠送方式上也要别出心裁，从包装样式、赠送仪式都要显得别具一格。

写信是交流思想、联系感情的好方式。随着电讯事业的发展，电脑技术的开发，很多人的联系方式都是通过电话、电子邮件等形式联系，很少再看见以书信方式交流了。你用书信方式向大老板请教问题，交流思想，他会感到很亲切，所以这是你结交大老板的恰当的方法。

曾子说："用师者王，用友者霸，用徒者亡。"成就大事的人，都不是孤军奋战者，他知道个人的能力再强也是微弱的，"好汉也要三个帮"，众木成林，众志成城。

刘备原本是一个编席卖鞋的小贩，就是借人之力而三分天下的。他先是投靠军阀，后又桃园三结义。但他最大的成功是聘用了诸葛亮。号称“卧龙”的诸葛亮是荆襄一带的士族首领，具有相当号召力。得到诸葛亮，等于得到一大批文臣武将，刘备的实力因而大增。在这些高级人才的帮助下，他才确立了自己的战略方针，继而一步步走向胜利，最后终于在大西南建立了自己的国家。

通常来说，聘请人比较容易，让人竭尽全力发挥出能量却不容易，这需要很强的领导艺术。首先要敢于信任人，把责任和权力大胆交给那些值得信赖的人，给他们充分施展才华的空间；其次，要对他们做出的业绩给予公平的评价，并支付合理的报酬，这是用人的两个基本原则。

通用汽车总经理斯隆曾说：“把我的财产拿走，但只要把我的人才留下，5 年以后，我将使被拿走的东西失而复得。”这句话极其深刻地表明了借用他人之力的重要性。

一个人是否有实力不要紧，只要他善于用人，照样能干成一番大事业。

理查德·西尔斯原先是一个代客运送货物的小商人。后来他开起一家杂货店来，专做邮购业务，即顾客通过邮件订货，他通过邮寄的方式发货。由于资本太少，只能提供有限的几种商品中，他做了 5 年，生意仍无起色，每年只能做三四万美元的业务。他想，必须与人合作，借助他人的力量，才能把生意做大。

说来凑巧，当他萌发出合作的念头后，过不久就遇到了一个理想的合伙人。那是一个月色皎洁的晚上，西尔斯到郊外散步，突然远处传来了马蹄声。不一会儿，一个骑马赶夜路的人来到西尔斯跟前，向他问路。此人名叫罗拜克，想到圣·保罗去买东西，不料途中迷了路，此时已是人困马乏。

西尔斯将罗拜克请到他的小店中住宿。当晚，两人谈得很投机，遂决定合伙做生意，并成立一家以他们两人的名字命名的公司，即西尔斯·罗拜克公司。西尔斯有 5 年经验，罗拜克实力雄厚。两人联手，可谓相得益彰。合作第一年，公司的营业额达到 40 万美元，比西尔斯单干时增长了

10倍。

西尔斯和罗拜克都不懂经营管理，做点小生意还能凑合，生意大了就招架不住，两人都有了力不从心的感觉。他们决定寻找一个总经理，代替他们进行管理。

他们费心搜寻人才，终于找到了一个合格的总经理人选。此人名叫陆华德，在经营管理方面很有一套。他们把公司大权全部授予陆华德，自己则退居幕后。

陆华德接受任命后，果然不负重托，兢兢业业地为公司效劳。他发现，做邮购业务与传统生意不同，一旦顾客对购买的商品不满意，调换很困难。如果不解决这个问题，很多顾客就会放弃邮购这种方式，公司的发展将受到很大阻碍。为此，陆华德严把进货质量关，决不让劣质品混进公司的仓库，以保证卖给顾客的每一件商品都“货真价实”。

那些厂商认为陆华德对质量的要求过于苛刻，竟联合起来，拒绝向西尔斯·罗拜克公司供货。

这是一件决定公司前途的大事，陆华德拿不定主意，赶紧去找两位老板商量。西尔斯从内心深处赞赏陆华德的做法，给他打气说：“你这些日子太辛苦了，如果能少卖几样东西，不是可以轻松一下吗?”

陆华德受到鼓舞，更加坚定了严把质量关的决心。那些厂商见抵制无效，担心生意被别的供货商抢走，最终不得不接受陆华德的质量标准。

陆华德刻意追求质量的经营策略，使西尔斯·罗拜克公司因此声誉日隆，10年之中，营业额增长了600多倍，高达数亿美元。

西尔斯作为一个外行，能够在短短十几年间，从一个微不足道的小商人，变成一个全美国知名的大富豪，得益于他用人的成功。他的用人之法其实很简单：找到一个值得信赖的人，然后授予全权。这正是用人的唯一诀窍。

搞好人际关系，是借别人力量的关键。只要双方投缘，哪怕非亲非故，也能走得很亲近，对方也乐意帮忙。北洋政府时期前后有7位总统及执政首脑，我们中有6位是行伍出身，唯有徐世昌是无一兵一卒的文人。

徐世昌以翰林起家，攀附袁世凯，投其所好，因缘际会，扶摇直上，最终跻身总统宝座。他凭什么出人头地呢？应该说他不是个傻瓜，真才实学是有的，但他发迹的主要原因还是得贵人相助。

徐世昌特别善于“做缘分”，无论什么人，只要他想结交，总能找出双方的共同点。比如，他出生在河南开封，城内的双龙巷是他的出生地和少年时代活动的地方，算是他的第一个籍贯；据徐氏家谱考证，徐世昌的远祖于明朝末年居住在浙江勤县，这算是他的第二个籍贯；乾隆年间，徐家又从北京大兴移居天津。徐认为大兴是他的第三个籍贯，天津是他的第四个籍贯。

别人也许会觉得有这么多籍贯是个麻烦，而徐世昌却利用这多处籍贯大做文章：他跟袁世凯论河南同乡，跟冯国璋、曹锟论直隶同乡，与钱能训、孙宝琦论浙江同乡。这些有权有势的同乡，都帮过他不少的忙。

你跟任何一个人都有潜在的缘分，只要你想跟对方走近，就能造出缘分来。一旦你掌握了这项本领，何愁得不到他人帮助呢？

2. 送人虚名给人实惠

在生活中找到你的合作伙伴，你的良师益友，是你的福分，不仅需要一双明眼，一张巧嘴，还得善于为对方付出以体现你对他的敬重。你想得到别人的支持，送东西给对方，莫不是方法之一，但送要送得恰当。

许多人爱出风头好虚名，老想显示自己的存在和证明自己的重要。而明智的人，他始终考虑实际的好处，而不会在乎这些虚名。因为我们知道，只要获得成功，终会有一天实至名归。

美国著名的成功学家、“钢铁大王”卡耐基是一个不好虚名重实际的人，只要对事情有好处，他就不吝于将出风头的事让给别人。

有一年，卡耐基结识了一位名叫佛里克的青年。此人经营煤炭业，号称“焦炭大王”。卡耐基的钢铁公司需要煤炭，而且他对佛里克的胆识与才干非常赏识，如果跟佛里克合作的话，对他的事业无疑是有好处的。

卡耐基知道佛里克为人十分自负，如果不把他的面子照顾到很周全，即使他明知对自己有利，也不会合作的。于是，他将佛里克请到自己家里，热情接待。其时，卡耐基已年近50，比佛里克差不多大一倍，他的财富则比佛里克多无数倍，但他仍然在佛里克面前保持着礼貌和谦逊。尽管佛里克是个骄傲自负的人，也不禁对卡耐基产生了好感。这时，卡耐基才提出合作成立一家煤炭公司的建议。他还大度地表示，新公司的总价值是200万美元，佛里克的焦炭公司约值32.5万美元，其余160多万美元都由他支付，股份双方各得一半。

只出四分之一多一点的资金，却能得一半股份，这是打着灯笼都难找的好事，佛里克却还在犹豫，如果公司以卡耐基的名义运作的话，他是不乐意的。因为他是一个“宁为鸡首，不为牛后”的人。

卡耐基看出他的心事，补充道:“新公司的名称是‘佛里克焦炭公司’。”

佛里克再无疑问，当即爽快地同意了。此后，佛里克成为卡耐基的合作者，日后更成为卡耐基钢铁公司的高层领导之一。

卡耐基始终认为，作为商人，当以求利为本。利来而名自至，根本用不着考虑一时的虚名。卡耐基不务虚名，但他把事业做大了，把做人做到了极高的水准，我们都乐意传诵他的名，于是他就名扬全球。这比那种争虚名想露脸的做法无疑高明多了。

3. 对“亲信”要慎用

卓有成效的管理者认为，在待人用人上清除一些错误的做法，不能因人设事，而要因事用人。也就是说通常先有了职位，然后再物色适合这个职位的人。只有这样才能够为企业延揽各种各样不同的人才，也只有这样才能使企业形成一种包容不同人才的个性文化。

在这方面，美国通用公司前首席执政官杰克·韦尔奇的观点非常对头——不允许任何破坏企业文化和企业价值观的行为，但可以容忍人的个性风格。

实际上这也是求大同存小异，鼓励这些“差异”的唯一方法。要容忍差异，企业的内部关系就必须要以“任务”为重点，而不以“人”为重点。机构成就的大小要以贡献和完成任务的客观标准来衡量。但是只有当职位不是因人而设的时候，这种衡量才有可能。否则重点就会立刻放在“谁是正确的”而不是放在“什么是正确的”上面；而做人事决定时，也就不会只考虑“是否喜欢这个人”“可以接受这个人吗?”而要考虑“他会出色地工作吗?”

因人设事的结果，必然会产生许多恩怨和派系。而任何企业都经受不了人事恩怨和派系斗争对它的折磨。我们必须保证所作出的人事决定都是公平和公正的，否则就会赶走能干的人才，或者损害人才的积极性。当然我们也不能因此而在引进人才时缩手缩脚，因为我们的企业的确需要有各方面人才的不断加盟，不断优化我们的人才结构和队伍，对机构进行必要的整合，否则就会缺乏应变革新的能力，也难以得到做出正确决策时所需要的不同意见的反馈。

如果你想建立起第一流的管理队伍，那么你对同事和下属通常就不能太过亲密，因为这会影响你做出正确的用人决策，让你变得感情用事或短视。提拔人才应根据人的才能，而不能以自己的爱憎为根据，所以选拔人才应着眼于所选之人能否出色地工作，而不能着眼于所选之人是否顺从己意。因此，为了确保能够选用适当的人才，管理者就要对我们较近的同事保持适当的距离——当然不是让你整天板着一个面孔去应对他们，而是不要产生任何个人感情方面的问题，这是不少民营企业老板的通病。记着，你需要的是能为你工作、替你挣钱的人，而不是马屁精或哈巴狗。

林肯在当总统的最初阶段颇为重视跟自己较为亲近的朋友。可是，只有当他改变了他的这种做法，刻意和当时的国防部长司太顿保持一定距离时，他才真正成了一位卓有成效的国家管理者。罗斯福总统在内阁中几乎就没有什么亲密的朋友，即使财政部长亨利·莫根塞也没有成为他的“亲信”，不仅如此，他在所有非政府事务中，也没有一个亲近的朋友。马歇尔将军和通用公司20世纪70年代的史洛安总经理也都是同样让人敬而远之的杰出领袖。

但是，这几位成功的人物并非冷血动物，他们全都是热心的人，他们也都渴望有好的人际关系，都有结交朋友和保持友谊的意愿，只不过他们清楚地知道，他们的友谊只能存在于“公务”之外。他们知道，只要不是感情用事，那么喜欢或赞赏某个人都是没关系的；而与身边的同事保持一定距离，才使得他们能够建立起一支人人各有所长，而又工作出色的管理团队。

当然，你也不能因此就将因人设事与因事用人绝对化，一刀切的做法不仅愚蠢，而且很危险，至少也会让你失去不少的发展机会。任何事情都会有例外，特殊情况下因人设事也是必要和可行的，但通常必须在两个前提下才能进行：一是不打乱现有机构建制，二是不需要对现有人事格局大动干戈。

4. 对待新人一定要有耐心

我们到了一个新的环境，往往都很紧张，害怕不受欢迎。现实的确如此，有种人习惯排挤新来的人，把新人当路石一样随便踢，以显示自己在这个环境中的优越地位。

一个高级职业经理去了一家公司，由于他的工资高，老板的亲信对他的薪资有些眼红，不断在老板面前说这个人刚来不应该拿这么高的工资。恰恰这个老板耳朵根子软，不久就把这个新人扫地出门了，然后把自己的亲信安排在多个重要岗位上，而那些亲信也依仗老板仍然排挤新人，导致公司失去了正常的管理秩序，连续几个高级经理人工作几个月就被迫辞职。后来这家公司的恶名传出去了，谁也不愿进这家公司，老板只得委托猎头公司找人，可是高级经理人一听说是这家公司招聘人，避之唯恐不及，这就是排挤新人所造成的恶果。

有一位表演大师上场前，他的弟子告诉他鞋带松了。大师点头致谢，蹲下来仔细系好。等到弟子转身后，又蹲下来将鞋带解松。有个旁观者看到了这一切，不解地问："大师，您为什么又要将鞋带解松呢?"大师回答道："因为饰演的是一位劳累的旅者，长途跋涉让他的鞋带松开，可以通过这个细节表现他的劳累憔悴。""那你为什么不直接告诉你的弟子呢?""他能细心地发现的鞋带松了，并且热心地告诉我，一定要保护他这种热情和积极性，及时地给他鼓励，至于为什么要将鞋带解开，将来会有更多的机会教他表演，可以下一次再说啊。"

你应该像这位表演大师一样对待新人。公司新进来的员工，通常都是满腔热血，他们时常会针对公司的情况提出各种各样的意见，他们的初衷是好的，但是由于缺乏经验，或者认识不够，看法难免偏颇。作为公司的领导，即使你知道你的员工好心提出的意见是错误的，但最好不要直接指出来，而应该谦虚地接受并感谢他，以后再寻找机会婉转地让他明白真相。如果你说话的态度和方法让对方生气，对方就会和你对立，拒绝接受你所说的事实。如果新员工的积极性受到挫伤，以后他再也不敢提出意见，没有了创新和胆量，以后怎么在公司发展呀？

优秀的管理人，不会扼杀新员工于摇篮之中。在员工犯错误的情况下，一味地责怪是不可取的，每个人都是需要鼓励的，有鼓励才能产生动力。希望管理者都能以一颗宽容，善解人意的心来对待他的员工。

对待年轻人，除了必要的教育和引导外，宽容和仁慈的心也是令他们走上人生成功之路的辅助之一。

但新人怎么做才减少被人挤兑的可能性呢？

多了解社会的真实环境。到了一家公司，是自甘平庸，还是改换门庭，是愤世嫉俗，还是淡然处之？由于逐渐看到了一些社会阴暗面，发现了许多不如意的事情，但自己却又没有相应的控制能力，这时新人如果不能以一种积极的眼光看待身边的是是非非，极可能出现巨大的心理落差，郁郁不得志，从而对立身、立业产生很大的负面影响。

那么，新人应如何对待自己的工作呢？

首先，要积极地看问题。企业是一个利益纠葛的地方，企业以盈利为目的，利润是它唯一的标杆，竞争是它的基本法则，社会环境能够提供的所有的东西都是它的资源。各种资源在企业的这个载体上进行重新竞价。你要看到自身的价值与企业所用。

其次，不用完美的眼光来看问题。人是参差不齐的，每个人都有一个非常独特的价值理念体系，许多我们奉为常识的东西，对某些人而言接受起来就是一次挑战。不要以为我们所看到的企业里人浮于事、官僚作风严重、行政腐败等问题企业管理层看不到，只是在他们的观念体系里，这并非是致命的、需要立即解决的问题。

第三，适当收敛自己的个性。许多新人都张扬着个性，希望在企业里得到尊重，能迅速投入到一份重要的工作中，开始自己梦寐以求的事业。这样的心态也是不可取的。其实不只是新人有个性，企业里的人谁没点个性呢？老员工不过是把自己的个性掩藏得更深而已，一旦我们拥有机会，他们会把压抑已久的个性发挥得更加淋漓尽致。所以，对新人而言，企业是别人的，是上司、前辈张扬个性的舞台，你是实现别人梦想的工具，只有经历了这个代际偿还的阶段，才能轮到你实现自己的梦想。

第四，新人一定要有耐心。要从阳光的角度去看待问题，不要老盯着企业的阴暗面不放。也不要老去看别人收获了什么，毕竟这个世界上最重要的不是比你无能的人应该取得比你少的收益，而是你应该从社会得到符合你能力的回报。所以老老实实做好自己的事情，等待自己的机会。

最后，对自己多一点信心。企业从主流上来说还是要使用有能力的人的，这里面最多也只是个时间问题。对新人而言一定要有豁达的胸怀，要戒除浮躁，踏踏实实地在一个企业里面做上一段时间，培养自己的核心能力。

以上是新人处世的经验，你要问一问：现实中到底有多好的企业呢？当你进入一个名声在外的企业的时候，也不难发现，困扰它的照样是那些低级的管理问题。经过多次碰壁，我们总结出一个结论，企业的管理问题，大都是人的问题，一般不在于企业的管理模式、管理理念。所以，恰到好处地进行人际交往，对于你的生存和发展是非常重要的。

5. 原谅别人的过错

在人际交往中，破坏力最强的莫过于这三个字：“你错了”。它通常不会造成任何好的效果，只会带来一场不快、一场争吵，甚至能使朋友变成对手，使情人变成怨偶。

跟别人相处的时候，我们要记住，和我们来往的不是度量不凡的超人，更不是修炼到家的圣人。和我们来往的都是感情丰富的常人，甚至是充满偏见、傲慢和虚荣的怪人。超人和圣人能够虚怀若谷地对待别人的批评，但常人不能，怪人更不能。所以，当我们想说“你错了”时，应该明白，对方十有八九不会虚怀若谷地接受。就像我们自己不会虚怀若谷地接受别人给你“你错了”的评价一样。

一个人说错话或做错事，总是有原因的，所以我们即使明知自己错了，也会强调客观原因，认为错得有理。

有时，当我们犯了错误，并非没有意识到，只是顽固地不肯承认而已。所以，当你对一个人说“你错了”时，必然撞在他固执的墙上。

比如，有一位先生，请一位室内设计师为他的居所布置一些窗帘。当账单送来时，他大吃一惊，意识到在价钱上吃了很大的亏。

过了几天，一位朋友来看他，问起那些窗帘时，说：“什么？太过分了。看他占了你的便宜。”

这位先生却不肯承认自己做了一桩错误的交易，他辩解说：“一分钱一分货，贵有贵的价值，你不可能用便宜的价钱买到高品质又有艺术品位的东西……”

结果，他们为此事争论了一个下午，最后不欢而散。

而拿破仑对士兵的一次容忍，被传为佳话。他率领的部队宿营在一个小镇，这个小镇盛产葡萄。当天夜里，一个士兵感到口渴，一时找不到水，他悄悄地来到葡萄架下，顺手摘下一串葡萄，然后津津有味地吃起来。第二天一大早，葡萄园主发现地上的葡萄皮，立刻判断是来此宿营的士兵偷吃了葡萄，他找到拿破仑很生气地说：“你手下人偷吃了我的葡萄，必须查出来是谁干的！”

拿破仑一开始不相信，他与葡萄园主走出宿营帐篷，一起来到葡萄架下，果然看见了满地的葡萄皮，他忙赔不是，并拿出钱给葡萄园主，才让葡萄园主停止了发火。

拿破仑很气愤，他一定要严厉查办偷吃葡萄的士兵。但他一会儿又冷静下来，告诉自己要容忍住，因为眼下正是用人之际，处罚一个人是小事，但会影响到全军士兵的士气，同时他又从人性化角度为那个士兵考虑，长年累月的战争，士兵们吃了很多苦头，看见诱人的葡萄能不流口水吗？这样想过后，拿破仑放弃了查办偷吃葡萄者的决定，只是在早操的训话时，顺口说了一句："有人口太渴，没有经上司批准，也没有跟葡萄园主打声招呼，就搞了人家的葡萄吃，有失军纪啊。葡萄园主找我了，我向他赔礼道歉，他原谅了，希望像这类擅自拿老百姓东西的行为不要在我的部队中再发生。"说罢他宣布早操集训结束。

事情到此却没有结束，当天中午，那位丢失葡萄的人竟拎着满满一篮子葡萄，来到了部队驻地，他是来慰问官兵的，并向战士们说："你们有这样一位长官真是荣幸，他爱护你们像爱护自己的子女一样。"拿破仑对葡萄园主人的热情表示感谢，他掏钱给他，葡萄园主不肯收，拿破仑告诉他："我的部队从来不会无偿收人家东西，这是军规，请你不要让我们破坏这军规，好吗？"

葡萄园主立即问："那么，你为什么不处罚那个偷吃了葡萄的士兵呢？"

拿破仑回答道："眼下正是士兵出生入死的时候，他们的表现一直很优秀，如果拿一点小事去衡量一个人的功过对错，那就未免有些小题大做了。"

当时，在场的人士兵无不感动，那位一直想隐瞒下去的士兵，控制不住感情，勇敢地站出来，向拿破仑行了一个军礼，说："葡萄是因我找不到水喝，一时丧失意志，偷吃的，请处罚吧！"

拿破仑见此情景，心里很高兴：做为一位出色的领导者，就要有容忍和宽容之心，假如真的要处罚这位战士话，军队显然就会出现一个整天愁眉苦脸的士兵，这样将怎样实现不打败仗的计划呢？他拍了拍士兵的肩膀，说："我能谅解你这一回，但以后要加强自我约束。"

那名士兵转身对葡萄园主说："对不起，是我偷吃了您的葡萄，可以加倍赔偿。"

葡萄园主说："你的首长已经赔偿了，我感到不好意思，现在把钱带回来还给首长。"说罢掏钱，却被拿破仑按住了。

就这样，一场偷吃葡萄的事情就在拿破仑的容忍与宽容下平息了。后来，那位士兵跟随拿破仑转战南北，每次战斗他都勇敢顽强，冲锋在前，立下了赫赫战功。

保持爱心，提高人生境界。用爱心来帮助他人改正过错，比责骂、教训获得更好的效果，因为爱是种包容，是种关怀，它最具有力量。

对人动之以情，循循善诱，表现的是耐心与爱心。

6. 对人不要吹毛求疵

有一类上司喜欢挑下属的缺点和错误，他们自己未必十全十美，却要求属下十全十美。他们似乎有一种用下属的缺点和错误来证明自己的眼光的心理习惯，或者在挑剔下属的错误中得到权力的满足，他们中有些人的全部乐趣似乎就在不断地找到下属缺点的过程中。这一类上司，绝对不正常！

说实话，若非生活所迫，不会有哪个人能容忍上司的这种近乎变态的行为，其结果要么是走人，要么是明哲保身，总而言之对企业不利！

事实上，每个人都有缺点，即使不挑它也还是存在，但是，除了缺点之外，每个人也还有长处，还有优点。领导正确的做法应是扬其所长，避其所短，而不要反过来，以挑下属的缺点为乐！

十全十美的人在现实生活中是很难找到的，一般说来，识人之短容易，识人之长、能说人好话并非易事。作为领导者，就是要以求贤若渴的态度，对人才从大处着眼，从长处着眼，看人的本质、主流。松下幸之助说："用人就是要用他的勇敢，必须尽量发掘部属的优点。当然，发现了缺点之后，也应该马上纠正，以七分心血去发掘优点，用三分心思去挑剔缺点，就可以达到善用人才的目的。"用人避其短。如果让诸葛亮这个长于运筹帷幄、具有远见卓识和气魄的人去做决胜千里之外的将士，跨马扬刀，冲刺于敌阵之中，显然是不可思议的。因为诸葛亮的专长就是出谋划策，而上阵杀敌只能是关羽、张飞、赵子龙等。相反，如果把关羽、张飞等人放在诸葛亮的位置上，同样是用非所长。

现代社会，专业分工日趋复杂，不要说古代的"通才"早已不存在，就是在某一领域也难以找到一位"万事通"，因此，对领导来说，最好的办法就是人尽其才，这就要求领导能够对人才避短用长。

历史上那些明君贤臣和具有卓识远见之士，用人时都非常强调看主流、观本质，而不计较某方面的"过失"，这样就聚集了一大批各具特长的人在他们的身边，为他们事业的成功奠定了坚实的基础。

一个高明的领导，不但不会挑下属的缺点和错误，反而经常会赞扬下属的优点。这样，下属才能尽力抑制自己的缺点，发挥自己的长处。

心理学家指出，没有人想成为无名之辈，几乎人人都希望被看成一个重要的人。然而，在今天这个机械化、集团化的社会中，一个人常常是办公室里的某个装备或某个装备的零部件。个性得不到表现，个人得不到重视，从而影响工作的积极性和主动性。

要克服这种吹毛求疵的毛病，一种可行的方法，就是把你的每个职员都当做一位重要的人物来看待，使每个人渴望被重视的心理得到满足，从而成为一种积极工作的推动力，甘心为你效力。

要做到这一点，可使用以下方法：

1. 用心注意他人，防止造成伤害，如有伤害应尽力去帮助愈合；

2. 鼓励别人谈论他和他的兴趣；

3. 让别人都知道你重视他，以此确立他所渴望的特殊的身份；

4. 记住每个人的名字；

5. 把部下的一些人事问题当做重要问题来处理。千万不要直截了当地对部下说“你不行”。

任何人都有自己的长处，只是有的人发挥出来了，有的人没有发挥出来，或者是长处少一些而已。作为领导者，要鼓励自认为无能的部下，调动他们的积极性，让他们干出成绩来。

如果领导者从开始就认为某人没有能力，部下就会认为自己怎样努力都是徒劳的，因而失去上进心，产生消极情绪。结果，这些人便真的无所作为了。因此，领导者不要对部下吹毛求疵。

部下犯错误时，如果领导者说“就知道你会做这件事”，表示领导者平常即对部下不信任。反之，如果改说“不相信你会做这件事”，效果就大不一样了，表示出领导者对部下十分肯定的态度。因此，要说出对对方不利的消息时，最好的方法就是先声明：“不相信有这样的情形，但是……”亦即在肯定对方平常的为人的前提下说出不利消息，以免对方怀疑你平常对他不信任。

重视下属，不仅仅是在言语上尊重下属，还包括放手让下属干大事。这样的领导，才是一个真正有魄力的领导。

7. 得理也得让人

让人，多发生于竞争情境，由于让人行为出现而使矛盾化解，争斗平息，对手变朋友，仇人变伙伴。因此，让人是避免斗争的极好方法，对个体也具有一定价值。它具体表现在：

得理不让人，让对方走投无路，有可能激起对方“求生”的意志，而既然是“求生”，就有可能是“不择手段”，这对你自己将造成伤害，好比老鼠关在房间内，不让其逃出，老鼠为了求生，会咬坏你家中的器物。放它一条生路，让它逃命要紧，便不会对你的利益造成破坏。

汉代公孙弘年轻时家贫，后来成为丞相，但生活依然十分俭朴，吃饭只有一个荤菜，睡觉只盖普通棉被。就因为这样，大臣汲黯向汉武帝参了一本，批评公孙弘位列三公，有相当可观的俸禄，却只盖普通棉被，实质上是装模作样、沽名钓誉，目的是为了骗取俭朴清廉的美名。

汉武帝便问公孙弘："汲黯所说的都是事实吗?"公孙弘回答道："汲黯说得一点没错。满朝大臣中，你们交情最好，也最了解。今天他当着众人的面指责，正是切中了的要害。位列三公而只盖棉被，生活水准和普通百姓一样，确实是故意装得清廉以沽名钓誉。如果不是汲黯忠心耿耿，陛下怎么会听到对的这种批评呢?"汉武帝听了公孙弘的这一番话，反倒觉得他为人谦让，就更加尊重他了。

公孙弘面对汲黯的指责和汉武帝的询问，一句也不辩解，并全都承认，这是何等的智慧呀！汲黯指责他"使诈以沽名钓誉"，无论他如何辩解，旁观者都已先入为主地认为他也许在继续"使诈"。公孙弘深知这个指责的分量，采取了十分高明的一招，不作任何辩解，承认自己沽名钓誉。这其实表明自己至少"现在没有使诈"。由于"现在没有使诈"被指责者及旁观者都认可了，也就减轻了罪名的分量。公孙弘的高明之处，还在于对指责自己的人大加赞扬，认为他是"忠心耿耿"。这样一来，便给皇帝及同僚我们这样的印象：公孙弘确实是"宰相肚里能撑船"。既然众人有了这样的心态，那么公孙弘就用不着去辩解是不是沽名钓誉了，因为自己的行为不是什么政治野心，对皇帝构不成威胁，对同僚构不成伤害，只是个人对清名的一种癖好，无伤大雅。

对方无理，自知吃亏，你于"理"明显占过对方，放他一条生路，他会心存感激，来日也许还会报答你。就算不会图报于你，也不太可能再度与你为敌。这就是人性。

得理不让人，伤害了对方，有时还会连带伤害对方的家人，甚至毁了对方。这有失厚道。得理让人，也是一种人情积蓄。

人海茫茫，却常"后会有期"。你今天得理让人，谁知他日你们二人会不会再相逢？如果到时候对方势旺你势弱，你就可能吃大亏了！“得理让人”，这也是为自己以后做人留条后路。

清代康熙年间，当朝人称“张宰相”的张英与一个姓叶的侍郎，两家毗邻而居，叶家重建屋子，将两家公共的弄墙拆去并侵占三尺，张家自然不服，引起争端。张家立即发鸡毛信给京城的张英，要求他出面干预，张英却作诗一首：“千里家书只为墙，再让三尺又何妨？万里长城今犹在，不见当年秦始皇。”张老夫人看见这封家书，立即命人退后三尺筑墙，而叶家深表敬意，也退后三尺。这样两家之间即由从前的三尺巷变成了六尺巷，被百姓传为佳话。

《菜根谭》中指出，“径路窄处，留一步与人行；滋味浓的，减三分让人尝。此是涉世一极安乐法。”这句话旨在说明谦让的美德。凡事让步，表面上看好像是吃亏，但事实上由此获得的必然比失去的多。但是要将谦让做得恰到好处，也非一味地谦让。让步要把握尺度，倘若有人要在你头上拉屎，你还允许他拉吗？